主编／石鹏建　执行主编／周新杰

闪亮的日子
青春该有的模样

大学生基层就业

典型人物事迹

全国高等学校学生信息咨询与就业指导中心

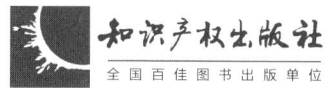

知识产权出版社
全国百佳图书出版单位

图书在版编目（CIP）数据

大学生基层就业典型人物事迹/石鹏建主编. —北京：知识产权出版社，2018.6
（闪亮的日子　青春该有的模样）
ISBN 978-7-5130-5626-7

Ⅰ.①大… Ⅱ.①石… Ⅲ.①大学生—就业—先进事迹—中国 Ⅳ.①K828.4

中国版本图书馆 CIP 数据核字（2018）第 126123 号

内容提要

奋斗在基层的大学生如何展现他们绚丽的青春色彩？每年毕业季，总会有一群大学生响应党中央号召到基层工作，到祖国最需要的地方建功立业。他们挥洒青春，奋斗在基层，用智慧开启基层工作的新篇章，他们是基层工作鲜活的生力军。基层的沃土滋养了他们闪亮的日子，他们的选择感人肺腑。本书集结了几十位大学生基层就业的故事，通过这些故事能够解读当代大学生积极向上的人生观和价值观，能够了解基层就业大学生这股动人的清流。

责任编辑：冯 彤　高　超
装帧设计：张革之　　　　　　　　　　　　　　责任印制：刘译文

大学生基层就业典型人物事迹
石鹏建　主编

出版发行：	知识产权出版社有限责任公司	网　　址：	http://www.ipph.cn
社　　址：	北京市海淀区气象路 50 号院	邮　　编：	100081
责编电话：	010-82000860 转 8386	责编邮箱：	fengtong@cnipr.com
发行电话：	010-82000860 转 8101/8102	发行传真：	010-82000893/82005070/82000270
印　　刷：	三河市国英印务有限公司	经　　销：	各大网上书店、新华书店及相关专业书店
开　　本：	787mm×1092mm　1/16	印　　张：	15
版　　次：	2018 年 6 月第 1 版	印　　次：	2018 年 6 月第 1 次印刷
字　　数：	250 千字	定　　价：	68.00 元
ISBN 978-7-5130-5626-7			

出版权专有　侵权必究
如有印装质量问题，本社负责调换。

前　言

2018年五四青年节，习总书记在北大与师生座谈时讲道："青年一代有理想、有担当，国家就有前途，民族就有希望。"青春，是多么富有诗意的字句。当代大学生用他们的自信和担当，用他们的知识和奉献，谱写了一首首动人的青春之歌。

我们从全国征集到了一百多位学子的青春故事。他们当中有人扎根基层，在城市社区、乡间村头、偏远山区，潜下心来，与基层百姓并肩，从点滴开始认识象牙塔外另一重世界的生活和工作。他们能感知老百姓的深厚情谊，他们能体会老百姓的喜怒哀乐，他们了解中国的国情。他们用知识和智慧打开基层工作的新局面。"到基层和人民中去建功立业，让青春之花绽放在祖国最需要的地方，在实现中国梦的伟大实践中书写别样精彩的人生"这是2014年习总书记给河北保定学院西部支教毕业生群体代表回信时所说的话。"扎根人民，奉献国家"，基层就业的大学生们选择了吃苦也赢得了收获，奉献使他们的青春更加厚重。

青春因梦想而激扬。创业的学子们把创新当作一种人生的态度，把创造当作一种人生信仰。创业的鸿鹄之志从坚定的信念、执着的开拓和顽强的拼搏开始。大学生创业队伍中有返乡创业的致富带头人，在故乡的沃土上施展才华；有走在技术前沿创新的学子，用专业知识开启高科技的新领域；有耕耘在传统领域的大学生，大胆探索，为传统赋予"互联网+"、区块链等新思维。大学生是创新创业的生力军，理想指引人生方向，信念决定事业成败，在这组创业大学生的群像中，开拓和拼搏是镌刻在他们身上的符号。

"志之所趋，无远弗届，穷山距海，不能限也。"大学生们用年轻的臂膀扛起保家卫国的重任。书中收录几十位应征入伍的学子，他们携笔从戎，在绿色军营挥洒青春。"青春是用来奋斗的。"汗水浇灌了他们军营中的青春岁月，

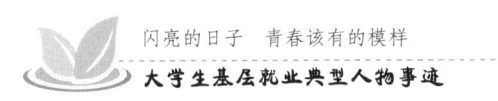

带给他们的是一生难忘的回忆。军事现代化的大学生士兵把军营当作磨炼自己的阵地,把当兵当作历练自己的机遇,他们的人生刻上军营的印记,他们的奋斗更有韵律。

青春的学子们需要榜样,榜样给予的力量催人奋进,于是,我们出版这套《闪亮的日子,青春该有的模样》丛书,分为《大学生基层就业典型人物事迹》《大学生创业典型人物事迹》和《大学生征兵入伍典型人物事迹》三册。

青春风华正茂,中国正值青春。我们将一百多位大学生扎根基层、创新创业和应征入伍的青春故事记录下来,把他们青春闪亮的日子记录下来,还原大学生青春该有的模样。正如习总书记的嘱托:"广大青年既是追梦者,也是圆梦人。追梦需要激情和理想,圆梦需要奋斗和奉献。广大青年应该在奋斗中释放青春激情、追逐青春理想,以青春之我、奋斗之我,为民族复兴铺路架桥,为祖国建设添砖加瓦。"

编 者

2018年5月

目 录

北 京

帕米尔高原上的北大雄鹰
　　——北京大学钟梓欧事迹　　　　　　　　　　／2
不忘初心，筑梦南疆
　　——中国农业大学李晓龙事迹　　　　　　　　／6
青春因投身基层而美丽
　　——北京理工大学韦丹事迹　　　　　　　　　／10

天 津

90后大学生村官
　　——天津大学秦煜博事迹　　　　　　　　　　／16
看尽繁花，我心依旧
　　——天津农学院李燕事迹　　　　　　　　　　／19
扎根西藏，服务民航
　　——中国民航大学马满喜事迹　　　　　　　　／22

河 北

扎根山村教育，谱写青春乐章
　　——河北经贸大学孙姣姣事迹　　　　　　　　／26
我的青春在西藏
　　——河北科技师范学院姜再奇事迹　　　　　　／30
180名孤儿的大哥大
　　——秦皇岛职业技术学院马永刚事迹　　　　　／33

山 西

遇见西藏
　　——山西财经大学宋莉莉事迹　　　　　　　　　　／38
点亮"藏东明珠"的美丽新乡村之路
　　——山西农业大学岳耀衡事迹　　　　　　　　　／41
援疆支教，无悔选择
　　　　　　　　　　　　　　　　　　　　　　　　／45

内 蒙 古

他用实际行动诠释着"业精于勤"的人生信条
　　——包头职业技术学院杨佳龙事迹　　　　　　　／50
闪亮的白色，青春的模样，让青春在平凡中完美演绎
　　——呼伦贝尔职业技术学院白泽宇事迹　　　　　／54
不忘初心，逐梦前行，为家乡建设贡献青春
　　——内蒙古工业大学尹慧娟事迹　　　　　　　　／57

辽 宁

给梦一个旅行
　　——锦州医科大学田孟然事迹　　　　　　　　　／62
勤奋是迈向成功的阶梯
　　——辽宁轨道交通职业学院赵美琦事迹　　　　　／65
心怀母校，在西部闪光
　　——沈阳大学宋东升事迹　　　　　　　　　　　／68

吉 林

立足基层谋发展，不忘初心贯始终
　　——东北电力大学吴鹏鹏事迹　　　　　　　　　／72
吉林市龙潭区江密峰镇大学生村官
　　——通化师范学院张海奇事迹　　　　　　　　　／76
一年支教青春，一生志愿情怀
　　——长春中医药大学荀觅事迹　　　　　　　　　／80

黑龙江

在希望的田野上绽放如歌的青春
　　——黑龙江八一农垦大学陈进事迹　　　　　　／ 84
聚才智播撒芬芳，汇爱心筑梦远航
　　——黑龙江大学刘硕事迹　　　　　　　　　／ 88
青春无悔步履不停，志愿奉献基层精英
　　——黑龙江大学杨译迪事迹　　　　　　　　／ 92

江 苏

去最艰苦的地方，做最需要的事
　　——南京大学林思宇事迹　　　　　　　　　／ 98
让青春之火在高原上燃烧
　　——江苏师范大学赵娜事迹　　　　　　　　／ 102
西藏，我最爱的家乡
　　——江苏师范大学王玥事迹　　　　　　　　／ 105

浙 江

浙海学子在西藏运营新媒体，一年后粉丝量翻10倍
　　——浙江海洋大学李彬彬事迹　　　　　　　／ 110
一朵扎根在高原的格桑花
　　——浙江工商大学何林秀事迹　　　　　　　／ 114
初心不改，回乡任职
　　——浙江师范大学行知学院王佳佳事迹　　　／ 117

江 西

不忘初心、砥砺前行、扎根基层、筑梦青春
　　——江西农业大学李祖杰事迹　　　　　　　／ 122
扎根苍莽大山，让信仰点亮人生
　　——江西农业大学谢京事迹　　　　　　　　／ 127
天马山下的支教志愿者
　　——江西师范大学曾祥钰事迹　　　　　　　／ 132

河 南

用信念铸就青春一往无前的勇气
　　——黄河科技学院宋广东事迹　　　　　　　　　　／ 138
西藏高原上的90后
　　——中原工学院徐晨旭事迹　　　　　　　　　　　／ 142
教育，是一场修行
　　——安阳师范学院任明杰事迹　　　　　　　　　　／ 145

湖 南

以身报国，逐梦南疆
　　——长沙医学院汤佛事迹　　　　　　　　　　　　／ 150
用青春温暖藏区的孩子
　　——衡阳师范学院张红善事迹　　　　　　　　　　／ 153
爱心服务基层，出彩教育人生
　　——衡阳师范学院杨梅事迹　　　　　　　　　　　／ 156

广 西

服务基层，点点滴滴显真情
　　——钦州学院黄仁有事迹　　　　　　　　　　　　／ 160
信念在岁月中成长，青春在奉献中闪光
　　——广西国际商务职业技术学院韦雨明事迹　　　　／ 163
干好每件事，做一个无怨无悔的人
　　——钦州学院乃玄事迹　　　　　　　　　　　　　／ 166

四 川

青春是用来奋斗的
　　——电子科技大学谈凌峰事迹　　　　　　　　　　／ 170
行走在高山羌乡里的"白衣天使"
　　——成都医学院罗扎事迹　　　　　　　　　　　　／ 173
青春因付出而美丽，人生因梦想而精彩
　　——四川职业技术学院庄永春事迹　　　　　　　　／ 177

重 庆

身边的感动
　　——西南大学刘静事迹　　　　　　　　　　　　　／182
从驻村队员到"微博网红"
　　——重庆三峡学院彭俊华事迹　　　　　　　　　／185
却家西行去，言志为民来
　　——重庆文理学院郑付林事迹　　　　　　　　　／188

甘 肃

不忘初心，不负韶华
　　——甘肃农业大学裴伟强事迹　　　　　　　　　／192
乡村教师
　　——陇南师范高等专科学校张军燕事迹　　　　　／196
乡村巨变
　　——西北民族大学仉健源事迹　　　　　　　　　／199

青 海

奋斗，青春
　　——青海大学付有恩事迹　　　　　　　　　　　／204
扎根基层沃土，绽放青春光彩
　　——青海大学米雯事迹　　　　　　　　　　　　／207
到祖国最需要的地方去
　　——青海大学石磊事迹　　　　　　　　　　　　／210

海 南

绽放基层理想，筑梦多彩乐东
　　——海南热带海洋学院李琦惠事迹　　　　　　　／216
几年如一日扎根基层，一心只想当好老师
　　——海南外国语职业学院唐菲事迹　　　　　　　／220
琴瑟在御，莫不静好
　　——三亚学院汪演婷事迹　　　　　　　　　　　／225

北　京

帕米尔高原上的北大雄鹰

——北京大学钟梓欧事迹

"到基层去,到祖国最需要的地方去。"从祖国的心脏北京,到西陲最末梢帕米尔高原上的乌恰县吉根乡,28岁的钟梓欧一路践行着自己的毕业誓言。

一个边境乡,又一个边境乡……3年来,这位北大硕士转战多地,如雄鹰,在帕米尔高原上翱翔。

一、到基层去,到祖国最需要的地方去

吉根,柯尔克孜语意为"聚会"。南天山和西昆仑在此聚首,万峰纵横,集纳了天山的雄奇和昆仑的险峻。

4月9日10时,久违的阳光照进萨迪克·吾拉依木家新盖的安居富民房。"咩、咩咩咩……"院子里,小羊羔娇弱的声音一阵阵传来。

羊圈里,两个人低声交谈,谈话内容在20多只刚满月的羊羔身上"打转"。阳光落到不远处的雪山上,漫射开来,明晃晃的,映照得两人脸上的"高原红"浓郁了几分。抱着羊的,是新房的主人萨迪克·吾拉依木。另一位戴着眼镜、书生模样的青年,正是钟梓欧。

钟梓欧,重庆人,克孜勒苏柯尔克孜自治州乌恰县吉根乡党委书记,北京大学国际关系专业毕业的硕士研究生。

"我是重庆崽儿，本科毕业于四川大学。严格来说，我也是西部出身。"一串笑声里，钟梓欧不着痕迹地卸下身上的北大光环。

"毕业的时候，党中央号召我们大学生到基层去，到祖国最需要的地方建功立业。新疆向我伸出了橄榄枝。"钟梓欧说。

2014届的北京大学国际关系学院研究生中，报名来新疆工作的，包括钟梓欧在内有4个人。可由于种种原因，其他人放弃了，只有钟梓欧只身前来。2014年出发前一晚，北京大学国际关系学院院长王辑思找他谈心。

"他跟我聊起几十年前在内蒙古上山下乡时的经历。那些年，院长当过牧民、做过工人……说起过往，老教授言语间充满人生豪迈。"虽未明说，但钟梓欧闻弦歌而知雅意，"院长这是以自身经历勉励我，到了边疆、到了基层，做人做事不能浮躁、要脚踏实地。"

"好！好！好！年轻人就该干年轻人该干的事。"钟梓欧至今还记得院长拍着他的肩膀说话时的语气。

老师的鼓励加上重庆人的耿直和那股不服输的劲头，"到基层"成了钟梓欧这些年的执念。

"刚来新疆，我被安排到自治区级单位，我向组织提出这不是我的初衷，我要到基层去。过几天组织通知我，单位调换到乌鲁木齐县，但我还不满意，还不是最基层，就再打报告……"

"顶着北大硕士的帽子，分配的时候受到了照顾。"钟梓欧说。

如此反复，钟梓欧终于如愿以偿，工作的第一个地点是阿图什市阿扎克乡。

2014年到2016年，钟梓欧在阿扎克乡工作了两年。优秀人才到哪里都抢手，他被克州党委看中，调到州机关。3个月后，钟梓欧向组织报告，希望回乡工作，获得批准，由此重回基层，9个月前，他来到了吉根乡。

"组织上把我放到吉根乡，这里既是基层，又是边境乡，可以说是双料'神经末梢'，这样的工作环境正是我想要的。"钟梓欧说。

二、为村民自断水源

到任不久，钟梓欧办的一件事，就让吉根乡哈拉铁列克村党支部书记苏力坦·加依那克对他刮目相看。

由于自来水管道老化和冬季冻裂等原因，多年来，哈拉铁列克村村民吃水非常困难。"在高原上架设一条新的自来水管道，你想想，有多困难？"苏力坦·加依那克说起来直摇头。

钟梓欧把乡政府联合办公楼配套的自来水管网，转给了离乡政府20多公里远的哈拉铁列克村。

包括钟梓欧在内的工作人员想喝口开水，大家自拎水壶出门左拐到100米外的食堂去接；上趟厕所，要到联合办公大楼后方50米的旱厕自行解决……

钟梓欧这种断了自家水源保障村民用水的做法，震撼了苏力坦等一大批村干部。首先表现在工作态度上，"以前到乡里开会，村干部们把摩托车往门口一停，会场空手进空手出。如今，安排任何工作，村干部们带好纸笔，认真听、详细记，回去后一条条、一项项抓紧落实。"苏力坦说。

"同样性质的优惠政策，实施细则上总归有些区别。"钟梓欧说，他给记者举例，中央和自治区大力推行的定居兴牧和安居富民工程，两者在补助款额度上就有些差异。

说到底，还是政策落地问题。该如何解决？基层干部的综合素质和为民办事的决心和意志，起到决定性作用。

如今的吉根乡，经过组织上配齐配强，乡党委工作人员全是30岁以下年轻人，而且全是大学生。"有朝气、有干劲，团队荣誉感和为民服务意识强。"

因为年轻，团队还存在一些问题。刚参加工作的大学生，带着梦想和激情到了基层，当初美好的设想往往会遭到现实的打击。

"理想和现实的落差肯定是有的，每个人都会遇到，年轻人尤其容易碰壁。这个时候一定不能气馁，坚持下来，才能柳暗花明。只有你沉淀下来了，才会给周围的人坚持下来的勇气和信心。"钟梓欧说。

2014年大学生西部计划志愿者任飞跃，就曾遭遇类似情形。"生活一度失去方向感，时间一天天过去，内心焦虑，满脑子都是对岁月蹉跎的恐惧和个人前途的担忧。"

"看看钟书记，女朋友也是乌恰县本地的，过不了多久，就是克州女婿了。向他学习，我不再胡思乱想，真心扎根基层。"一年过去，任飞跃的心安定下来了，如今工作起来如鱼得水。

"我们办公室制订了日完成、周任务、月计划，分工很细，个人责任明确。"吉根乡党委办公室负责党建工作的舒琴说。她毕业于四川绵阳师范学院，去年通过公开招考来到吉根乡。"作为年轻人，要不怕吃亏、多学多做，钟书记就是我们的榜样。身在集体，每天都在进步，忙碌而充实的感觉真好。"

三、牧民生活有了保障，才能安心守边

有人曾打趣说："大海啊，全是水，帕米尔哟，都是山。"从地图上看，吉根乡就像一只展翅的雄鹰，翱翔在帕米尔高原。这里雪山绵延，边境线悠长。

一边放牧，一边巡边，是当地柯尔克孜族牧民传统的生活方式。在吉根乡，广为流传的一句话是："每一座毡房就是一座哨所，每一个牧民就是一个哨兵。"即使是书记和乡长，每个月也要骑马上山，完成巡逻守边任务。

"固边富民，顾名思义，就是要将边境乡村建设得美好，基础设施和公共服务扎实，真正改善牧区的生产生活条件，使牧民安下心、稳得住，这样才能留得住守边人。"钟梓欧说。

傍晚，走在海拔2900多米的帕米尔高原上，雪山和晚霞将整个天际渲染得狂野恣肆。新修筑的高等级公路笔直开阔，直通伊尔克什坦口岸。

"我们的口号是，东岳观日出，西极看日落。"钟梓欧说，在他眼中，"西陲第一乡"和祖国最后一抹夕阳是吉根乡最好的名片。

"帕米尔高原的雄奇险峻、克孜勒苏河蜿蜒的红河谷、柯尔克孜族传承千年的民俗文化、伊尔克什坦口岸便利的交通……无不闪亮耀眼，让人怦然心动。"

钟梓欧已经做好了旅游产业规划：打造"最后一缕阳光"观景平台等系列景点，开发帕米尔高原特产，做大做强吉根乡的旅游品牌，让更多人转移到旅游产业上来，使牧民真正实现"守边不离乡、致富有保障"，是更长远的出路。

……

扎根在帕米尔高原上的钟梓欧，身上北大硕士的光环悄然褪去，而"乌恰县最年轻的乡党委书记"年轻有为的形象分外耀眼。

（北京高校毕业生就业指导中心供稿）

不忘初心，筑梦南疆

——中国农业大学李晓龙事迹

我出生于陕西农村一个普通的农民家庭，很小父母就教育我好好学习，将来做一个对党、国家和社会有用的人。在党和国家的教育、培养和关怀下，我刻苦钻研，连续读完大学、硕士研究生和博士研究生。2015年从母校中国农业大学毕业时，在党和国家的号召下，我毅然选择到南疆乡镇基层工作。进疆三年来，在组织的培养和关怀下，我从一名校园书生成长锻炼为一名紧盯和落实总目标的南疆乡镇基层领导干部。

一、心存感恩，将组织关怀化作砥砺前行的动力

进疆三年来，各级党组织和领导对我们进疆青年高度重视、倍加关怀、寄予厚望。多次以座谈会、走访慰问、共餐畅谈等方式了解和掌握我们的工作、生活、学习和思想动态，为我们指点迷津、排忧解难、加油打气；专门举办培训班提高我们的政策理论水平和维吾尔语水平；举办联谊会、组织看电影，给我们减轻工作的压力，舒缓紧张的心情。乡镇为我们提供了设施齐全、温馨舒心的干部周转房以及成长锻炼、干事创业的良好工作平台。母校的领导和老师也对我们格外关心和关注，除了平时的电话或网上问候，还专程从几千公里之外的首都北京，到边疆白水城阿克苏和刀郎文化故里阿瓦提来看望慰问我们。各级党组织和母校的关心、关怀和关注，更加坚定了我扎根南疆、深入基层、服务各族群众的信心和决心。2016年3月，在乡镇党委换届中组织破格提拔我任阿瓦提镇党委委员、副镇长，2017年12月又任命我为阿瓦提镇党委副书记、主任科员，深感组织的信任和期望，更觉肩上的责任和担当。

二、勤奋学习，实现从高校博士到基层干部角色的转变

尽管是高校博士研究生毕业，但自从志愿到南疆乡镇基层工作的那一刻起，我就明白迎接自己的将是另一所更具挑战性的综合性社会大学，在南疆基层工作，需要努力掌握新疆的民族语言、历史、地理、宗教、文化习俗、经济

管理、法律法规等各方面的综合性知识，并适应基层环境、熟悉基层情况、积累基层工作经验和锻炼基层工作能力，攻下南疆基层这个"学位"。作为基层年轻干部，我在认真学习了解县情的基础上，主动学习掌握中央、自治区大政方针和法律法规，积极开展实地调研和入户走访，直接面对面为基层老百姓解决实际工作中发现的问题，对新疆工作特别是南疆基层工作的特点和难点有了比较全面、深刻的认识和了解。经过三年来在南疆基层的栉风沐沙、走村入户、访寒问暖、扶贫帮困，自己的基层工作技能日益提高、经验逐渐丰富。

三、扎根基层，在服务南疆实践中实现自己的人生价值

上面千条线，下面一根针，上级的决策部署最终都需要在乡镇村（社区）一级贯彻执行、落地见效。2017年12月之前我主要分管阿瓦提镇意识形态领域宣传、精神文明、科技、教育、网信，以及政府采购和工程项目等工作，并包联库木巴格社区。根据镇党委班子成员分工安排，现在我主要协助镇政法书记分管社会稳定工作，负责严打"揭盖子"工作。每天都要面对并处理大量纷繁复杂的具体工作，千头万绪、事必躬亲，虽然很辛苦，但我深知这是自己发挥才智、施展拳脚、打磨能力的最佳平台。

在2017年2月举行的"刀郎儿女感党恩"全县群众文化体育竞赛活动中，作为分管领导，经过精心筹备、组织和排练，阿瓦提镇在草根宣讲、革命歌曲大合唱、男子篮球、女子排球、国际象棋等多个项目中成绩名列前茅。去年9月为了迎接自治区卫生县城复审，根据县委和镇党委安排部署，牵头完成了城区主干道两侧18块原公交站牌"正面宣传栏和背面阅报栏"的设计与改造。同时牵头完成了库木巴格社区阵地以及锦绣社区新步行街"爱党、爱祖国、爱团结、中国梦、社会主义核心价值观"等系列主题合计117块宣传版面的策划设计。另外，牵头负责阿瓦提镇通过横幅、宣传栏、宣传册和电子屏等多种途径、方式和载体宣传党的十九大精神和习近平新时代中国特色社会主义思想，引导各族群众感党恩、听党话、跟党走。

2017年4月，牵头对我镇辖区学前适龄儿童进行了精准摸排和登记造册，确保了秋季入学时所有学前适龄儿童的应入尽入。寒暑假期间，为了做好假期返乡学生的教育服务管理工作，对我镇辖区外地上学学生和假期返乡学生（内初班、内高班、大中专、本科及以上）进行了精准摸排，组织800余名暑期返乡学生进行了反恐维稳发声亮剑、宣誓承诺签名和社会实践活动。

我在包联库木巴格社区工作中，督促指导和统筹协调社区"两委"、警务室、"访惠聚"驻村工作队、党员、联户长等各支力量，以"四知四清四掌握"和"三定三包三覆盖"群众工作法以及"双联户"创建服务管理模式为依托和载体，积极谋划、创新和落实社区基层组织建设和服务管理、维护社会稳定、发展社会事业、落实自治区九项惠民工程等重点领域工作。

在全县脱贫攻坚和"民族团结一家亲"活动中，结对帮扶的两户贫困户已于2017年年底顺利脱贫，2018年又新结对帮扶两户贫困户；同时与两户维吾尔族家庭结对认亲，定期走访看望他们，在思想、生活和就业等方面尽最大努力帮助他们，深入交流感情，与他们结下了深情厚谊。2017年3月我为下肢残疾的结对亲戚夏提古丽想办法解决了一台轮椅，每当看到她坐着轮椅开心地在路上行走，我就下决心为群众多办实事好事。在当前全疆开展如火如荼的结亲住户活动中，我带头与维吾尔族群众结亲戚，与亲戚开展"同吃同住同劳动同学习"活动，送礼物、交伙食费、解决困难，进一步密切了党群干群关系，真正做到了"群众把干部当自己人看、当亲人看"。今年除夕，正当万家团圆、喜迎新春的时刻，70多岁的努尔依明罕老奶奶亲自登门为我送来了她亲手做的最可口的羊杂碎，让我又一次深深领悟到了"群众在干部心里有多重，干部在群众心里就有多重"的真理。

自2017年12月协助政法书记抓社会稳定工作以来，我积极学习业务知识，虚心向领导和同事请教，努力提高自己的综合素质和工作能力，每天下社区（村）指导检查督促值班备勤、信息研判、"两收"人员亲属帮教、群众自首悔过、严打"揭盖子"等社会稳定各项重点工作，尽最大努力使每一项工作落地落小落细落实。

进疆以来，我和同批来的刘雪娇在学习工作中相识相知相恋，她是博斯坦社区党建干部，我们彼此鼓励，相互支持，矢志扎根边疆，服务基层。2017年1月我们在陕西和黑龙江老家举办了婚礼，2018年6月我们自己的"疆二代"宝宝就要诞生了。我们的千里姻缘和幸福生活，要感谢组织的关心关怀和父母的理解支持。

四、团结一心，为建设美丽新疆、共圆祖国梦想努力奋斗

2017年10月，党的十九大和自治区九届四次全会相继胜利召开，进入新时代，新疆工作站在了新的历史起点上。新疆大有可为，南疆大有作为。南疆是我扎根筑梦、实现人生价值的地方。作为一名乡镇基层干部，在聚焦新疆"社会稳定和长治久安"总目标、服务各族人民实践中，我会时刻以党的十九大精神和习近平新时代中国特色社会主义思想为指引，对照习近平总书记所提出的"二十字"好干部标准和民族地区干部的"三个特别"要求，不忘初心，牢记使命，永远奋斗！不是每一朵花都能盛开在雪山之巅，雪莲做到了；不是每一棵树都能屹立在大漠戈壁，胡杨做到了。空谈误国，实干兴邦，我会把青春根植于"建设美丽新疆、共圆祖国梦想"的神圣使命中去！不辜负党组织的培养，不辜负领导的期望，不辜负母校的教诲，不辜负父老乡亲的嘱托。

（北京高校毕业生就业指导中心供稿）

青春因投身基层而美丽

——北京理工大学韦丹事迹

韦丹，女，壮族，北京理工大学2013届机械与车辆学院交通工程专业本科毕业生，2013年通过定向选调进入广西公务员队伍，曾任广西河池市环江毛南族自治县交通运输局科员、驻环江县洛阳镇文雅村第一书记，现任中共广西环江毛南族自治县团委副书记。

一、笃定信仰，做青春无悔人

韦丹是广西人，家在广西河池市东兰县，东兰县是革命老区，也是国家级贫困县，她家以前也曾是扶贫对象。通过努力，韦丹考上了北京理工大学。大学四年的学费，都是通过助学贷款垫付的，生活费则来自国家助学金和勤工俭学。走出大山，是无数人的梦想，走出去就意味着摆脱贫困，那她为什么还要回去呢？因为她明白，家乡之所以贫困，就是因为人才的匮乏。贫困地区，就像一片片等待一颗火种的草原，而韦丹甘愿做这把燎原之火，去唤醒、去感染更多的新生力量，来改变家乡落后的面貌。2013年广西壮族自治区党委组织部开始在北理工招录定向选调生，于是韦丹毅然决定放弃在大城市的就业机会，回到家乡，扎根基层工作。

回广西后，韦丹到河池市环江毛南族自治县交通运输局工作，环江县是全国唯一的毛南族自治县，是国家64个贫困县之一，也是全国特困石漠化地区之一。用了半年的时间，韦丹走遍了环江县12个乡镇，148个行政村，基本摸清了环江县农村公路的情况，完成了35份环江农村公路项目报告和两条通村水泥路的初步设计，她撰写的《论世遗时代环江交通的发展》论文还获得了全县二等奖。由于表现出色，上级领导提出了将韦丹调职到自治区公路局工作，但考虑到选择基层的初心，她放弃了这次机会，依然选择在原一线岗位继续工作。

二、扎根基层，做脱贫螺丝钉

2016年3月，经韦丹申请，组织安排她到环江县洛阳镇文雅村任第一书记，在扶贫一线工作。文雅村，是环江县唯一一个还没有通硬化路的行政村，可以说没有任何经济支柱产业。村庄里青壮年大都外出打工，平常穿梭在村里的基本都是老人、妇女和小孩，是一个发展落后、交通不便、信息闭塞、劳动力大量流失的贫困村。

作为第一书记，韦丹扑下身子深入群众，每个月坚持驻村与群众一起劳动生活至少20天，帮助他们出谋划策，带领他们一起开山修路、修建蓄水池，一起发展土特农产品规模种养，竭尽全力、想方设法、开动脑筋，为帮助群众脱贫致富开展了一系列的工作。

修路助群众致富。 俗话说：要致富，先修路。只有修路才能打破制约文雅村发展的瓶颈。在交通局等单位的支持下，韦丹多次争取和协调各方力量，4条共计11.5公里的通屯水泥路陆续建成通车，通往文雅村的17.5公里的三级旅游路也终于在大山里开始建设，极大地改善了文雅村的运输条件，韦丹也因此再一次得到群众的充分认可。

解决群众饮水困难。 刚到文雅村，她发现建旺屯的老人小孩都提着水桶去山里找水喝，问了才知道，由于几年前的探矿工作破坏了大山的结构和生态，导致水源下渗，每年冬季饮水很不方便。于是韦丹就组织村干和生产队长，寻找新的水源，并向县水利部门申请修建新的饮水工程。工程于2016年11月建成，解决了48户，122人的饮水问题。

帮助贫困生上学。 文雅村大吉屯的村民韦焕杰夫妻俩都是残疾人，多年来仅靠农耕及家庭养殖艰难生活，两个孩子开学需要的生活费用成了韦焕杰的心病。韦丹了解到情况后，她通过"微助八桂"媒体平台发布了题为《为这个困难家庭的姐弟筹一笔助学金》的心愿清单,并成功筹款2500元,解决了韦焕杰家庭的燃眉之急。

打破换届难局面。自驻村以来,文雅村基层党组织建设一直是韦丹抓驻村工作的重点之一。为了村"两委"能在2017年顺利换届,韦丹和文雅村工作组早出晚归,蹲点调查党情民情,做足了换届准备工作。村民委换届选举投票时刚好遇上了农民收稻谷的时间,肯巴屯的选民还在田里忙着收谷子。为了让每一位选民都能顺利行使选举权,韦丹带领工作组翻山越岭深入肯巴屯地头,把投票箱带到田边给选民投票。选民韦建林感动地说,"小韦书记这么用心地做工作,让我们感觉到我们手中这一票的神圣,今后我们一定努力认真参加村里的每一次投票选举……"在推进工作中积极激发村民参与村庄建设的热情,是韦丹在文雅村抓工作的作风之一。就这样,功夫不负有心人,2017年文雅村顺利换届,改变了历史上文雅村换届难的局面。

打开农产品销路。文雅香粳,是品质非常好的香米,但在2016年以前却年年滞销,群众种植的积极性不高。为了打开文雅香粳的销路,韦丹带领村干部群众,以将"文雅香粳"打造为广西甚至全国优质特色农产品为目标,2016年到广西"第一书记"扶贫产业园展示文雅香粳,并于当年以9元每公斤干谷的价格卖空;在2017年,经过继续大力向外推广宣传,成功牵线广东百纳秋香农业发展有限公司进村收购香粳,并由公司以11元每公斤干谷的价格和米农签订为期十年的香粳保价收购合同,打破了文雅香粳年年滞销的局面,为米农们增加了不少收入。

村委、学校、群众家中、泥泞的路上、田间地头,处处都留下韦丹瘦小而有担当的身影,她热情而全力以赴地工作,群众看在眼里记在心里,每每遇到困难都会找她,而且每次都能得到相应的支持与帮助。在驻村近两年的时间里,在坑洼蜿蜒的18公里文雅村道路上,她克服车辆被困在泥潭里、在饥饿与寒暑中翻山越岭等困难,充满干劲地做好每一项工作,正如她的驻村格言"风雨无阻,甘做文雅脱贫螺丝钉"。

三、不忘初心,做继续前行者

工作以来,虽然韦丹认为自己也没做什么轰轰烈烈的大事,但是看到身边领导同事和群众对她态度的变化与认可,看到环江县交通的发展变化和文雅村面貌一点点的改变,她打心里觉得自己做的事还真挺有意义的。韦丹说,一个人的成长如果能与一个地方的发展联系起来,那么无论这个地方有多小,无论这件事有多困难，都是非常有意义的！

韦丹还认为自己能有今天的成长与发展，离不开母校的培养与关怀。北理工非常关心在基层就业的毕业生，学校领导多次赴广西看望他们，2016年12月，时任北京理工大学常务副校长杨宾亲自带队，到广西看望基层就业的毕业生；学校学生就业指导中心也对他们的工作生活进行长期跟踪和服务。

2018年，是环江县的脱贫奋斗年，也是韦丹驻文雅村第一书记工作期满结束的时间。被组织提拔到团县委担任副书记的韦丹，不负组织的期望，在2018年4月，又继续深入到环江县的长美乡担任扶贫分队长（并挂职长美乡党委副书记），投入到新一轮的脱贫攻坚战中。

习近平总书记说过："人的一生只有一次青春。现在，青春是用来奋斗的；将来，青春是用来回忆的。只有进行了激情奋斗的青春，只有进行了顽强拼搏的青春，只有为人民作出了奉献的青春，才会留下充实、温暖、持久、无悔的青春回忆。""海阔凭鱼跃，天高任鸟飞。"韦丹深深扎根在最需要人才的基层，用汗水见证着成长，用奉献丈量着价值，用平凡演绎着非凡，实现着最宝贵的青春理想。她的青春因投身基层而无限美丽！

（北京高校毕业生就业指导中心供稿）

天 津

90后大学生村官

——天津大学秦煜博事迹

秦煜博,男,1991年6月出生,汉族,河南省滑县人,本科学历,2010年6月加入中国共产党,2010年9月在天津大学学习,担任信息学院2010级通信党支部书记,2014年9月参加工作。2014年9月至2015年1月任鹤壁市淇滨区钜桥镇政府组织干事,同时兼任钜桥管理区耿屯村驻村干部;2015年1月至2016年2月任鹤壁市城乡一体化示范区淇水湾办事处组织干事,同时兼任铁西管理区郭庄村驻村干部(其间,2015年9月任淇水湾办事处团工委副书记);2016年2月至今任淇水湾办事处党政办公室副主任(其间,2016年2月任淇水湾办事处纪工委委员、2016年3月任淇水湾办事处工会联合会委员、2017年1月任淇水湾办事处团工委书记)。

刚上班时,领导语重心长对他说,基层急需你们这样的大学生,希望你扎根基层,尽快熟悉驻村工作。不曾想从此与基层工作结下了不解之缘,至今两年有余,他的成长可以用以下三个方面来总结。

一、俯下身子接地气,身心并入下基层

上班的第一天,正值秸秆禁烧的关键时期,为了确保分包的耿屯村"不燃一把火,不冒一处烟",他每天早上6点到夜里12点坚守在一线,在田间地头带领村两委干部不间断巡逻,累了就睡秸秆地,渴了就喝机井水,圆满完成耿屯村的禁烧任务,保障了群众的生命财产安全。

为了快速完成从"大学生"到基层干部的角色转换,他坚持每天进村入户,和村民交谈,听取村民的想法、建议和要求,在短短的3个月里,他接待群众50余人次。因耿屯村群众的土地纠纷问题,致村民经常去北京上访,他得知情况后,及时去做思想工作。当时,上访村民情绪激烈,提出如果不解决问题,就又要去北京讨说法。他和村两委干部一道,对群众反映的问题进行了

认真细致地调查，在依据事实和政策的基础上，及时解决了矛盾纠纷，消除了村民的怨气，成功化解了一起历史遗留信访案件。

2014年年底又赶上第八届村民委员会和支部委员会换届，而耿屯村又是钜桥镇有名的软弱涣散村，村里宗族斗争激烈，势力复杂，作为一个刚毕业的大学生，他学透政策、吃透村情、摸透下情，坚持公平、公正、公开的原则，保证了换届工作的顺利进行。为了能使落选村干部心往一处想，劲往一处使，他多次到落选村干部家里谈心，帮助落选村干部放下思想包袱，支持新班子工作，形成了新老村干部同心协力共唱一台戏的和谐局面。

从刚到基层的不适应、被误解为"一窍不通"的委屈；到田间地头事事亲力为之、全身心投入付出的艰辛和真诚；再到取得一定成绩、被群众接受和信任的喜悦，他在平凡的岗位上书写着不平凡的人生。

二、夯实基础抓落实，优化服务促提升

自参加工作以来，他除了负责驻村工作以外，还负责组织人事工作。他将"互联网+"最新理念融入智慧党建工作，建立综合服务系统，通过微信、飞信、党建网站等现代化信息手段集中学习，实现了办事处机关与服务窗口、与村、与社区、与每名村干部的互联互通，提高了办事效率，极大方便了群众。率先开展"网络党建"工程的探索，实现"互联网+党建""互联网+便民服务""互联网+综治信访""互联网+社区"四位一体格局，建智慧淇水湾综合服务平台，2016年年底在全市党建观摩活动中，他所负责的党建示范点代表示范区取得突破历史的最好成绩。

三、栉风沐雨续前梦，砥砺前行谱华章

2014年9月，他告别生活四年的城市——天津，满心欢喜奔赴了500公里外的一座小城，踌躇满志、意气风发走上了一线工作岗位。那年，他的许多同学选择了读研，而他在最美好的年纪选择了选调生这个职位，来到镇政府，做了一名普通的基层干部。两年来，在他的心中依旧坚守着一个读研梦，为了进一步提升为民服务水平，提高实践工作能力，使自己成为我国现代化建设需要的复合型管理人才，如今他已经被国家行政学院公共管理硕士专业录取。只要有梦想，在哪里都会成功！

实现梦想的路上，无论在田间地头，还是在办公室里，最为重要的还是那颗不变的初心，回到最初的梦想，希望在田野上，更在他的心间。

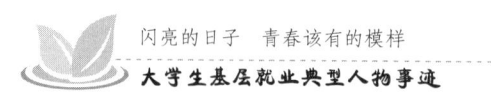

附秦煜博大学期间所获荣誉：

2011.09，学生军训中评为优秀学员；

2011.10，荣获信息学院"优秀学生标兵"称号；

2011.10，带领班级荣获"天津市先进集体"荣誉称号；

2011.11，荣获天津大学"学生党员先锋岗"创建优秀个人；

2011.12，荣获天津大学"浦发银行奖学金"；

2011.12，荣获天津大学"三好学生"荣誉称号；

2012.06，荣获天津大学"优秀共产党员"光荣称号；

2012.12，荣获天津大学"优秀学生干部"荣誉称号；

2012.12，荣获天津大学"社团活动先进个人"荣誉称号；

2012.12，荣获天津大学"志愿服务先进个人"荣誉称号；

2013.12，荣获天津大学"优秀学生干部"荣誉称号；

2014.06，荣获天津大学"优秀毕业生"荣誉称号；

2014.06，荣获天津大学"求是奖"。

（天津市大中专毕业生就业指导中心供稿）

看尽繁花，我心依旧

——天津农学院李燕事迹

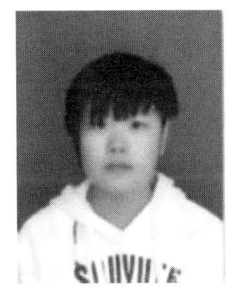

李燕，女，现年26岁，内蒙古自治区乌兰察布市人，2014年6月以优异的成绩由天津农学院人文学院英语专业毕业，目前在西藏自治区拉萨市达孜县塔杰乡人民政府工作。毕业近3年来，时刻不忘自己"天农人"的身份，时刻谨记天农校训——"敏学切问，躬勤耕稼"，并严格要求自己，收获了一些人生中的宝贵财富。

一、学做结合，充实大学生活

大学生活，对于我而言，是这一生的宝贵财富，它让我的知识储存更加完备，让我的眼界更加广阔，让我的思维更加活跃，让我的人格更加健全，让我在汗水之后收获荣誉，在荣誉之后更加勤勉。除了努力学习、完成学业外，我也积极参与各种志愿服务活动。2012年4月，积极参加由中国扶贫基金会联合发起的、中国邮政大力支持的"爱心包裹"项目公益劝募活动，经过两周的不懈努力，成功劝募爱心包裹20.5个，荣获该项目"优秀志愿者"称号；2012年9月和2013年9月两次参与中国国际新闻出版技术装备博览会会场服务工作，也因此荣获"优秀志愿者"称号。大学期间，多次的社会实践，丰富了自己的生活阅历，磨砺了自己的坚强韧性，也培养了自己爱好公益、热心服务的志愿精神，为后来的个人人生轨迹一定程度上埋下伏笔。

二、投身西部，挥洒热血青春

2014年4月，在有幸聆听了2014年大学生志愿服务西部计划新疆宣讲团在母校的激情宣讲后，我备受鼓舞，心生向往。6月，在团市委和校团委的号召下，我报名参加了大学生志愿服务西部计划西藏专项项目。7月27日，来到了祖国西南边陲的西藏自治区达孜县，在那里，开启了大学毕业后志愿服务之旅。在那里，我真切感受到了西藏当地淳朴的民风和民族团结一家亲的和谐氛围。在达孜县团委各位领导和同事的亲切关怀和帮助下，我很快融入团的建设工作中，立足岗位，尽心尽责，同时担任了达孜县西部计划志愿服务队队长，利用春节、藏历新年、"3·28"百万农奴解放纪念日、"五一""五四""十一"等重要节点，自行组织全县西部计划志愿者开展扶危济困、爱心捐助、敬老爱老、环保行动、会场服务、志愿者联谊等各类活动共计20余场次，参加市、县两级团委、文明办等相关单位各类志愿服务活动10余次。在区、市、县团委和社会爱心人士的大力支持下，累计为达孜县中心小学和各幼儿园学生送去价值近4万元的学习、生活用品，为达孜县当地贫困群众赠送爱心旧衣物300余件，用爱心传递公益精神，用真心践行服务宗旨，因而也获得了大学生志愿服务西部计划2014—2015年度拉萨市优秀志愿者的荣誉称号。

三、扎根边疆，成就事业梦想

2016年7月，两年的服务期届满之际，在留藏与返乡的选择面前，经过与家人的沟通，我毅然选择留下，留在这片让我感到神圣、纯洁又和谐的土地上，我想扎根于此，想在这片不算熟悉却感到自在的土地上努力拼搏。9月，在享受国家留藏政策和经过相关考核后，我成为拉萨市达孜县塔杰乡的一名基层干部。初入基层机关，我主要负责党建、"两学一做"专题教育、群团工作及办公室日常事务，由于对乡镇工作流程的不熟悉，繁多且琐碎的日常工作让我有些吃不消，但凭借领导的信任和自己的一股韧劲，顺利完成了全乡党费、团费、工会会费收缴，年底"三老人员"、贫困妇女、建档立卡贫困青少年等数据统计建档及党建台账整理完善等工作，确保了自己负责的事项在年终乡镇考核中未出差错、未有闪失，获得了考核部门的高度评价，也得到了单位领导的认可。在近7个月的基层工作中，我也渐渐发现自己在工作中存在的不足，即与基层群众的联系沟通少，一部分原因是语言障碍造成沟通不畅，一部分原因是自己久坐办公室、接触农牧民群众的机会少。2017年我也要给自己定个小目标：积极参加藏汉双语培训，加强与少数民族干部相互交流，提高自己的藏语听说能力，同时也积极参与下村入户走访工作，自主自发增加与群众沟通的机会，提高自己的沟通能力和工作能力，更好地融入基层的各项工作之中，在实现个人价值的同时，为促进全乡经济社会发展发挥自身作用，为推动西藏的经济社会长足发展和长治久安贡献绵薄之力。

我知道，我只是存在于社会上的一个很小的粒子，但我相信如果一直保持着爱的动力，就一定会散发出自己的光和热，照亮并温暖他人，助力社会和谐发展，也让自己的生命更加有意义。

(天津市大中专毕业生就业指导中心供稿)

扎根西藏,服务民航

——中国民航大学马满喜事迹

马满喜,男,共青团员,出生于河南省太康县的一个农村,2014年7月毕业于中国民航大学,现就职于中国民用航空西藏自治区管理局(林芝航站)。

我从小生活在一个贫穷的家庭,父亲因病早逝,母亲以种地为生,抚养我们兄妹三人和年迈多病的奶奶。高考结束后,我考上了梦寐以求的中国民航大学,欣喜之余,母亲却惆怅上大学的学费问题,经人介绍得知我可以申请国家助学贷款,我们家人为此都很高兴,为了实现我上大学的梦想,我申请了国家助学贷款,顺利进入大学学习。是国家圆了我的大学梦想,因此,在大学里我刻苦学习文化知识,积极参加社团活动,获得优秀团员、人民奖学金、蓝天奖学金等十余次奖励,我立志工作后为国家、为社会贡献自己的力量。

2012年6月,民航局李军副局长在促进西藏民航跨越式发展座谈会上,提出"将继续加强和完善西藏民航基础设施建设,促进西藏民航又好又快发展",西藏,高海拔、缺氧、环境极其恶劣,自古以来就被形容为"禁区",为响应李军副局长的号召,我打算跟母亲诉说想去西藏工作的想法。打电话的那一刻,我内心极其挣扎,母亲含辛茹苦把我抚养长大,本该尽孝的我,却想奔赴西藏、远离母亲,令我意想不到的是,母亲虽然不识文字,却通情达理,非常支持我"扎根西藏,服务民航"的想法。2013年5月,中国民用航空西藏自治区管理局来学校招聘实习生,我报名参加通过选拔,于7月份辞别母亲,坐上远赴西藏的火车。

来到西藏林芝航站之后,我努力学习各项业务知识,积极参加航站、民航西藏区局和民航西南管理局多项比赛,获得各类奖励十余次;2013年7月,在实习期间因拾金不昧(捡到一个LV包、银行卡若干张和现金数万元),收到旅客一封表扬信和一面锦旗,受到航站嘉奖,并被部门评为"服务之星"

称号。2013年年底将"6S管理模式"引入到班组建设当中，受到领导的表扬。因实习期间表现优异，于2014年7月正式转正，成为一名真正的西藏民航人。

如今，我已在西藏工作了三年零四个月，现担任林芝航站地面服务部固定资产管理员、设施设备管理员和兼职安全员。三年多的辛苦工作，也取得了一些成绩。

2014年11月，获得林芝航站2014年度"安康杯"羽毛球比赛男单、男双和混双三项第一名。

2014年12月，组织筹备"林芝航站羽毛球协会"，并被推选为羽毛球协会副会长。

2015年7月，代表林芝航站参加民航西藏区局航空安全知识竞赛，获得"一等奖"和"优秀选手奖"。

2015年10月，策划组织林芝航站2015年度"安康杯"羽毛球比赛。

2015年11月，晋升为林芝航站晨曦班组副班组长（值机配载副主任），负责班组建设和绩效考核工作。

2016年1月，获得民航西南管理局举办的"习近平谈治国理政读书征文比赛"西南地区三等奖。

2016年8月，获得民航西藏区局举办的"庆祝建党95周年征文比赛"优秀奖。

我将以自己的实际行动践行"扎根西藏，服务民航"的个人信念，立志为西藏、为祖国奉献自己的青春与汗水。

（天津市大中专毕业生就业指导中心供稿）

河　北

扎根山村教育，谱写青春乐章

——河北经贸大学孙姣姣事迹

孙姣姣，女，中共党员，2014年毕业于河北经贸大学计算机科学与技术专业。在校期间，曾多次获得奖学金，被评为"三好学生""优秀学生干部""省级优秀毕业生"等荣誉称号。

拥有教师梦的我，2014年7月积极响应河北省农村教师特设岗位计划的号召，经多方面考核选拔，2014年9月我光荣地来到平山县杨家桥乡古道小学，成为一名特岗教师。2016年8月，由于突出的工作业绩和优秀的综合素质，我被调入河北平山古月中学，从小学走进了中学。

一、爱岗敬业

杨家桥乡地处平山县西北山区，处于河北、山西交界，从县城乘班车还需要两个多小时。艰苦的环境并没有使我退缩，反而激发了我改善农村教育现状、献身农村教育事业的决心。虽然我是计算机专业，但我认为一个合格的老师必须具备"一专多能"的品质。面对贫困山区师资力量短缺这个问题，我满腔激情，欣然接受了学校为我安排的五、六年级的数学和英语，外加全校的音体美和信息技术课程。我暗自下定决心，不但要提高他们的文化课知识水平，还要把他们培养成德智体美劳全面发展的当代小学生。

就在2015年"六一"儿童节到来之际，我深深感受到孩子们的那份渴望——渴望过一个属于他们自己的儿童节，渴望像城市里的孩子一样有一个健康快乐的童年。当时学校的年轻老师只有我一个，我就充分利用音体美课程和课余时间，教孩子们唱歌、跳舞，劳逸结合，在紧张而又有序的准备工作后，终于为学校的孩子们举办了一次他们期盼已久的儿童节，看着孩子们脸上洋溢着纯真的笑容，我深深地为自己做的努力，为成为一名平凡而伟大的人民教师感到自豪！

在工作中，我会顾全大局，服从学校安排，一切以集体利益为重。把校园的安全和学生的利益放在第一位，消除校内外各种不良因素对教学秩序的干在一次基地教研活动中，我被乡中心校推选出来进行优质示范课展示，那时的我又紧张又激动，但在平时的经验指导和充分准备的情况下，我显得那么游刃有余：缜密的思维、清晰的思路、"以学生为主"的课堂、先进的教学模式，受到了学生、老师和县教育局领导的高度赞扬。

我用宽广仁爱的胸怀去接纳每一位学生。因我扎实的工作，赢得了学生的爱戴，同事的认可，领导的赞赏，家长的好评。我在2015年3月参加特岗教师优质示范课展示活动中获得了好评；在2015年6月参加县国防教育办公室组织的"缅怀英烈，圆梦中华"主题演讲比赛，荣获优秀奖；2015年9月教学工作成绩突出，被评为"优秀教师"；2015年12月年终考核被评为"优秀教师"。2016—2017学年班级连续三次获得全年级"班总评第一"；在春节联欢会上荣获"优秀组织奖"；在弟子规比赛中荣获"团体第一名"。

正值朝气蓬勃的青春岁月，我选择了以大山作为青春的底色，用爱心和真诚点燃山村教育的希望，扎根在山村，谱写青春的乐章。我用激情和梦想诠释着青春的含义——甘于平凡，甘于清苦，甘于奉献。

成为一名人民教师，是我无悔的选择！

（河北省大中专院校学生信息咨询与就业指导中心供稿）

我的青春在西藏

——河北科技师范学院姜再奇事迹

"有一片土地,离天空最近,苍茫的雪域之上,拥抱远方的你……一路格桑花香,你我初心不忘,这样的青春才最漂亮。"2016年6月,作为一名即将毕业的普通本科生的我,只因办公桌上与通知文件一次偶然的相遇,仿佛一道光照进了我原本平静的世界,在一瞬间让我做出从来没有过的决断:我要去西藏!从河北出发到拉萨,再到号称"世界第三极"的世界屋脊的屋脊,只想在离天堂最近的地方,留下青春的身影,书写青春的故事。

我是姜再奇,毕业于河北科技师范学院,现工作于西藏阿里地区普兰县。

一、初遇西藏

当高原上的阳光再一次融化了狮泉河水的时候,生命早已开始在雪与雨交杂的春天萌芽,忽然间发现,这是我在阿里高原度过的第一个春天。

2016年7月23日,石家庄的太阳依旧那么火辣,顶着炽热的高温,登上了飞往拉萨的航班,此刻虽有不舍,但更多的是期待、愉悦和激动,满怀复杂的心情,却又憧憬着那片神秘的土地。虽然出发前早已经通过各种渠道,想要了解她,但当真正踏上这片土地之后才发现,她的美原来真的不可言传。进藏半年,感受过老阿妈扎西德勒的温暖,有终见布达拉宫大脑瞬间的空白,有转角遇见大昭寺旁虔诚朝拜的震撼。这一切,都吸引着我想要更加了解这片神奇的土地。

二、当代"知青"

初遇西藏的美好并没有持续多久,我用半个月的时间适应了拉萨的高原反应后,便准备前往号称世界屋脊的屋脊的"藏西秘境·天上阿里"。八月的阿里，原本应该是盛夏的季节，风吹在脸上却有着丝丝凉意。

在西藏，一直有着"远在阿里，苦在那曲"的说法，阿里属于边疆民族地区，常年高寒缺氧，自然生活条件恶劣，社会经济发展滞后，各种社会服务也仅限于满足基本生活需求。在阿里的日子，可以说除了工作基本上没有其他任何的"娱乐"了。由于地理位置特殊，综治、维稳等各项工作任务极为繁重，在单位经常加班加点到深夜，每每凌晨回家，总是一边承受无边的寂寞和孤独，一边刷着同学和朋友们朋友圈的动态。大脑里假想着，如果没来西藏的话，我是不是也会过着和他们一样的生活？但现实总是在第二天缺氧产生的头痛中醒来时残忍地告诉我，仍然只是自己。这时候的心情虽然不至于怀疑人生，但是却真正的怀疑自己，怀疑自己当初的决定，想着自己的处境可能称为当代知青更为恰当。因为时代改变了称呼，但似乎改变不了一种东西，即与知识青年在偏远地区生活的艰难困苦的联系。

三、异乡"新年"

对于在北方长大早已习惯了暖气的我来说，阿里的冬天漫长且难熬。从小就喜欢雪的我，从来没有过地盼望着春天的到来，盼着盼着，终于迎来了在异乡的新年。

临近年关，单位上大多数汉族同事都会选择在这个时候休假，而我由于第一年参加工作是没有年假的，所以只能默默羡慕着。春节那天，我蜷缩在被窝里，一边取暖一边嘲笑自己竟然要抱着泡面守岁。就在这个时候，忽然接到电话通知去单位食堂，虽然有了心理准备，但是推门看见藏族同事们忙着挂灯笼、贴春联、准备年夜饭、看着藏族同胞穿着只有盛大节日时才肯穿的民族服饰，一起唱着祝酒歌的时候，我意识到，如果我没来西藏，我想象不到这种感动。悄悄拿手机录了个视频给家里发了过去，告诉爸妈，他们的儿子在西藏挺好的。"五十六个民族是一家"不单单是一句歌词，而是有一种感动，本身就叫作西藏。就像在这个海拔4300米的小镇，到处可见的"河北援建"，这便是河北、阿里兄弟同胞血浓于水的铭记。

四、扎根西藏

我们刚来的时候有一腔热血，但慢慢地时间久了终究还是会回到现实中来，考虑自己的生活，考虑自己的理想，考虑自己想要什么。褪去了刚刚从大学毕业的理想生活外衣，知道自己该如何去追寻自己想要的生活或是自己的理想。不到一年的时间里，身边很多人就像共同乘坐一辆地铁，有的选择了到站下车，而有的人依然前行。很多朋友问，如果有机会回到内地我会怎么选择。在听完他们的话以后，有一段时间我也陷入到了这种思考，但是我找到了答案。就像习近平总书记在青年代表座谈会上说过的："现在，青春是用来奋斗的；将来，青春是用来回忆的。"大学毕业、工作、升学、结婚、生子，这样亦步亦趋的生活，不是我想要的。想起上学时每每从家出发前父母叮嘱：不要浪费青春，要做好自己。唯独这次出发，他们叮嘱我说：好好照顾自己，既然决定了，就要做出自己的贡献。我知道家人开始肯定并认可我的选择，纵使有千万个不放心，但是他们为我的选择自豪、骄傲。

对于真正了解西藏的人来说，西藏的美，不止风景，更美在人心。恶劣自然环境的历练和艰苦条件的考验没能将他们打倒，每一位藏族同胞脸上单纯、认真的微笑感染和激励着一批批的援藏建藏人扎根边疆、艰苦奋斗、开拓创新、无私奉献。我愿在西藏这片土地上做最微弱的那团火、唱最轻盈的那支歌，并与其他建藏者同道，聚成温暖的光明之火，奏出响亮的青春之歌！

（河北省大中专院校学生信息咨询与就业指导中心供稿）

180 名孤儿的大哥大

——秦皇岛职业技术学院马永刚事迹

马永刚,男,党员,25岁,秦皇岛市青龙满族自治县人,系秦皇岛职业技术学院2014届模具专业毕业生,现在北京博顿崇德公益基金会秦皇岛光明之家项目部从事公益事业。在校期间他先后获得"月度河北雷锋"、省级"三好学生",秦皇岛市志愿服务"先进个人""平民偶像"等荣誉称号。特别是在2013年秦皇岛市委宣传部组织开展的"我的梦·中国梦"百姓宣讲活动中,他有幸作为"胸怀感恩、接力爱心的优秀大学生"代表,成为来自各行各业的16名宣讲团成员之一,受到了时任中共河北省委常委、统战部部长兼中共河北省秦皇岛市委书记田向利的亲切慰问。

马永刚是光明爱心孤儿院的长子,是一名在社会各界关爱下成长起来的孤儿,是社会培养出来的孩子。2011年9月他如愿考入秦皇岛职业技术学院,成为孤儿院的首位大学生。2012年6月他正式倡导组建马永刚志愿服务小分队,在院系领导的指导与帮助下不断发展壮大,如今已经成为全市知名的志愿服务团队。一直以来,马永刚志愿服务小分队秉承"励志青春作奉献,践行志愿促成长"的宗旨,发扬"奉献、友爱、互助、进步"的志愿服务精神,立足于大学生现有资源,多层次、全方位开展深入持久的志愿服务活动,先后多次赴秦皇岛光明爱心孤儿院、烈士陵园、红阳老年公寓、北戴河汽车站、北戴河中学、山海关古城、山海关集中供养中心及校园迎新系列等多地开展爱心支教、敬老爱老、交通协管、爱心助考、绿色环保、打击黑心棉等多个项目的志愿服务活动，志愿服务30000余人次，志愿服务人均达8000小时，服务对象近20万人次，赢得了社会的广泛赞誉。曾荣获2012年度秦皇岛市"先进小分队"荣誉称号。2013年3月加入了秦皇岛市"及时雨"志愿服务联盟，2015年小分队被评为秦皇岛市"最美志愿服务团队"，同时还获得河北省志愿服务品牌，不仅得到了秦皇岛市志愿服务基金会的资金的大力支持，也为广大的大学生志愿者提供了一个更加广阔的平台，不断向社会输送正能量，播撒爱心。

大学毕业后，马永刚来到北京一家著名的教育培训公司工作，工作目的是提升自己，让自己具备更强大的能力来回报社会。工作之余，他依然坚持参加各种志愿服务活动，多次参加安利北京志愿者协会组织的残疾人招聘会、助残行动，环保力行等，在活动中奉献爱心，回馈社会。但丰厚的待遇并没有让他迷失方向，2016年年初，他毅然决然地回到了他成长的地方——秦皇岛光明爱心之家。他要回家帮着申爸一起来照看这些孩子，这里有太多的情感和爱。在这里他觉得踏实，见到小弟弟小妹妹就如同见到十五年前那个幼小的自己。在这里，他教书、洗衣服、缝裤子、辅导功课、讲故事，样样全能，孩子们都喜欢他，围着他，大哥、大哥……叫个不停。永刚虽然每天累得沾枕头就着，但是这180人的大家庭让他忘记了劳累,忘记了辛苦,看着孩子们健康快乐成长,他心中涌动着一股股暖流,他和这180名孤儿已经融为一体,再也舍不得离开这个家了。2017年3月加入北京博顿崇德公益基金会,致力于长期从事公益事业。

作为孤儿院的长子,永刚深深知道自己肩负着重大的责任和使命,他是社会培养出来的孩子,他要感恩社会、回报社会,用自己的实际行动去帮助那些更加困难、更加需要援助的人,让温情暖彻祖国大地!

(河北省大中专院校学生信息咨询与就业指导中心供稿)

山　西

遇见西藏

——山西财经大学宋莉莉事迹

宋莉莉，2016年毕业于山西财经大学会计学院，现就职于西藏林芝市察隅县竹瓦根镇人民政府，镇财政所任出纳。

有爱不觉天涯远，有梦不觉夜漫长。

或许只为逃离城市的喧嚣与浮华，或许只为寻找心灵的宁静与自由，或许只为成全自我的理想与抱负，或许只为雪山之巅风云变幻的美景。或许，只为遇见她，西藏。

毕业之际，当我看到西藏两个字的时候，我就知道，她来了，我要做的就是用尽一切力量抓住她，随她而去。三个月后，我得偿所愿，飞越重重山峦，穿过蜿蜒河流，来到了日光之城——拉萨，翻开了我人生新的一页。

从内地到西藏，从平原到高原，从上学到上班。我的生活发生了很大变化，高原缺氧，但不缺勇气。高寒，却挡不住年轻追逐的心。现在的我已不再去想，我的选择是否正确，我的工作有无意义，我只知道，在这里，我的人生有了价值。

经过近四个月的培训，我选择了一个位于边境线的偏远县城——察隅县，分配到镇里工作，根据专业，在镇财政所做出纳。刚工作的时候，总有一种不真实的感觉，觉得在做模拟，我就一遍遍地提醒自己，你所做的不再是虚拟的数字，仿真的模拟，而是一笔笔攸关百姓民生的账款。不再有可以恢复，不再有错了从来，不再是数字演练。从你手下写出的，算出的都会产生一系列真实的结果，你不能让别人为你的错误买单，所以，你必须仔细，一遍遍地复核。迄今为止，我已经正式工作五个多月了，由于地处偏远，交通很不方便，所以有些工作不能及时完成，还有很多地方每年总有几个月大雪封山，手机信号不通，车到不了，几乎与世隔绝。这里的工作环境有些方面很困难，但我相信在不久的将来，她会变得不一样，我很开心我为此努力了，奋斗了。我想过我要丈量这里的每一寸土地，目前仍在努力中，而且我坚信，我一定能走完。

培训期间也写过很多到基层工作的设想，直到真正参与工作了才有了真切的感受，才慢慢做到角色转变。也体会到从基层做起才是最好的，只有从基层做起，才能更深切地了解百姓民生，只有从基层做起，才能更深刻地体会到百姓安居乐业的重要性，只有从基层做起，才能更清晰地认识到全心全意为人民服务并不是高谈阔论，而是我现在实实在在在做的事。

在这里，最多的就是时间，工作外，你可以一个人坐在国旗下看云卷云舒，看夕阳西下，看白雪皑皑，感受天空的纯净与无暇，享受内心的安宁与平静。也可以在周末阳光明媚的午后约上朋友，寻一处山坡，畅谈。

西藏，它属于每一个不安分的人；属于每一个有梦想的人；属于每一个有情怀的人。西藏，就是这样一个地方，让我陶醉，让我痴迷，让我魂牵梦绕。在这里，你可以过着你想要的生活，用心工作，用心生活。在这高山之巅，纵目远眺，你可以看到蓝天白云，清澈湖水，感受到自然的安静、祥和，感叹生命的顽强。

但很多人说，在这样安逸舒适的环境里，会变得目光短浅，故步自封，思想僵化，迷失自我，成为温水里的青蛙。尤其是刚从大学毕业的我们，带着年轻人特有的蓬勃与朝气，转身走进偏僻而广阔的高原。刚开始的兴奋与新奇，很快被孤独和寂寞覆盖，这时的我们好似王国维在《人间词话》中所说的第一境界，"昨夜西风凋碧树，独上高楼，望尽天涯路。"有所求而不知所求是甚，有所求而不知所求几何，在孤独寂寞中迷惘徘徊。这时的我们若没有"衣带渐宽终不悔，为伊消得人憔悴"的决心，纵然头破血流，身受几许，依然痴心不改无怨无悔的勇气，极有可能终其一生碌碌无为。有了决心和勇气，志向和目标，我们只需认定目标，持之以恒，终将达到蓦然回首，豁然开朗的境界。说之易，行之难，面对繁杂俗世，我们是否能经得起诱惑，耐得住寂寞，是否能够做到纵使风云变幻，依然衷心不改。

这世上，不知道前路艰险而贸然前行的人，是单纯的；知道前路艰险而黯然止步的人，是现实的；知道前路艰险却仍不改初衷继续前行的人，是勇敢的。我相信,我们都是勇敢的人!我们选择了自己前进的方向,因此,不再犹豫,不再彷徨,不做则已,要做就要做到最好!

(山西省高校毕业生就业指导中心供稿)

点亮"藏东明珠"的美丽新乡村之路

——山西农业大学岳耀衡事迹

岳耀衡，男，1990年6月出生，山东聊城人，中共党员。2009年9月至2013年7月就读于山西农业大学园艺学院，先后担任校主持队队长、校学生会办公室副主任、园艺学院学生分会勤助部部长等职务，先后获得山西农业大学优秀团干、优秀团员、社会活动积极分子等荣誉称号。毕业后，岳耀衡积极响应国家号召，只身赴西藏进行服务。现任西藏自治区昌都市文化局政策研究室干部，2015年10月选派至昌都市左贡县旺达镇夯达村担任第一书记。

一、怀揣西藏梦，赴昌都追求人生价值

理想是一个人不懈的追求，信念决定一个人努力的方向。岳耀衡作为新时代青年，没有像其他年轻人那样向往大都市的繁华与热闹。他的心中一直有个农村梦，有个扎根基层，燃烧青春的梦。因此，在临近毕业之时，岳耀衡积极参加山西省的大学生村官面试，但是因为各种原因，未能一展抱负。

回到老家后，他无奈地选择了当地的一家销售公司，但他内心深处的农村梦却未曾熄灭。2014年3月，一名高中同学给他带来的西藏昌都市"特殊人才引进计划"消息让他的梦想再次点燃。经过深思熟虑，他把自己报名援藏的想法告诉了朋友和家人。他们对耀衡的选择感到有些吃惊和不解。有的对他这样说："你是家里的唯一男孩，父母年迈，你去西藏，家里怎么办？"也有不少的朋友这样劝他："耀衡呀，你究竟图个啥？在本地干好自己的工作，搞好自己的家庭，何必要去吃援藏那份苦、受那份罪？"面对一些亲戚、朋友的好言相劝，耀衡总是这样回答："去西藏，我不是图名，也不是图利，图的是去藏区尽一种义务和责任"；"作为新时代的大学生去西藏服务，是藏区建设的需要，是藏区人民的强烈要求，我要用我的努力帮助他们。我无悔我的理想，更无悔我的选择。"于是，他直接进行了网上报名，经过组织挑选，从众多踊跃报名援藏的干部中脱颖而出，实现了自己援藏的理想。

2014年8月，岳耀衡顺利入职昌都市文化局，走进了富有"藏东明珠"

美誉的昌都市，开启了自己的人生理想。在刚刚开始的一年时间里，他积极参与项目协调、来访、联络、接待等各种工作，让自己的心灵得到了新的洗礼。

2015年8月，昌都市委组织部号召"千名干部下基层"，岳耀衡知道这个消息后，积极向组织争取下派名额，希望自己能够为西部农村建设贡献自己一份绵薄之力。2015年10月，他被安排到了左贡县旺达镇夺达村任选派支部书记（即第一书记）。

为尽快熟悉环境，进入角色，他把工作的第一步定在了下乡调研上。他努力克服高原反应所带来的身体不适，克服语言不通的障碍，不辞辛苦，进行了走访和调研，与农牧民群众促膝交谈，倾听大家对夺达村建设情况的意见，了解夺达村的基本情况：全村64户385人，牲畜1532头，人均纯收入不足4000元，属于半农半牧村，且均不发达。主要经济来源靠种植青稞、养牦牛或者外出务工。人口少、土地匮乏、养牦牛生产周期长，有的农牧民家庭年人均收入不足1000元。

夺达村如何脱贫，脱贫的路径在哪里？成了岳耀衡要思考和研究的主要问题。岳耀衡认真分析了夺达村的发展优势：一是毗邻318国道这条进藏旅游大通道，过往游客较多；二是基本上每户村民都有两套住房，一套传统藏式民居，一套新建设的砖混结构现代化住房；三是市旅游局准备打造国道沿线精品旅游项目"洒咧营地"。于是，岳耀衡决定要带领村民做好乡村旅游这篇大文章，通过实施美丽乡村建设，大力发展旅游项目，让当地走出一条脱贫致富的新路子。

二、扎根基层，努力建设美丽新乡村

岳耀衡鼓励群众开办农家旅馆，增加群众收入。根据全村实际，紧紧把握毗邻318国道这条"进藏旅游大动脉"。号召新村55户村民，利用新居，开办农家旅馆。总投资21万元，其中，群众自筹11万元，驻村经费扶持10万元，目前，共设接待床位110个，每个床位收费30元，用餐另算，每人每餐15元，已实现创收1万元。

岳耀衡结合"洒咧营地"建设，积极为贫困村民推荐就业岗位，解决群众就业问题。"洒咧营地"项目是市旅游局统一规划打造的昌都旅游精品项目，总投资450万元，占地面积1.5万平方米。（藏式帐篷8个，共380平方米，其中一百平方米帐篷2个，五十平方米帐篷2个，二十平方米帐篷4个）。另外设有游客服务中心、厨房、公共厕所、垃圾回收站等配套基础设施。在此期间，岳耀衡积极组织村民，顺利完成村里承担的帐篷搭建、施工等工作。在当地旅游旺季来临的时候，"洒咧营地"项目在2016年6月中旬试营业，并安排精准扶贫建档立卡户就业，共提供就业岗位4个，人均月工资1000元，帮助他们脱贫致富。2016年3月份到年底，夯达村辖区内次普牧场路桥、洒咧营地、千伏电网、国防通信光缆等项目陆续开工。岳耀衡争取辖区内施工方支持，在项目的建设进程中，岳耀衡一方面积极配合各项目施工方的日常工作，另一方面他把握机遇为村民就业创途径。本次项目中，夯达村先后派出小工1200余人次，出动运输车辆1000余辆次，累计创收近40万元，既增加了群众收入，又确保了各个项目顺利建设。

赴闽学习考察，开拓发展思路，争取发展资源。2017年4月，岳耀衡作为"赴闽美丽乡村培训班"的一员，赴福建学习美丽乡村建设经验。在学习过程中，岳耀衡对夯达村发展有了新的思路：建设两个温室，种特色农作物，让游客进行采摘；利用"洒咧营地"临河的优势，建设垂钓园与烧烤园；开发丰富多彩的康巴文化。在培训结束后，岳耀衡留下了福建美丽乡村建设负责人的电话号码，就夯达村的区域特点和自然经济状况进行够通，在美丽夯达村建设达成了建设和合作意愿，争取了更多的发展资源。

注重村级文化建设，推进文明乡村建设。岳耀衡在了解到夯达村村委会办公设备匮乏和文化设施落后的情况后，就积极寻求市文化局的帮助，争取文化建设和文艺活动经费5万元。通过这笔经费，夯达村购买会议室桌椅12套、多媒体设备1套。并且在原有农家书屋基础上，健全了文化活动室，添置书架3个、期刊架2个、沙发一套，新增图书5000余册，使夯达村迈开了乡村文化建设的新步伐。

三、情系昌都，作民族团结的使者

四郎卓玛是夯达村三户五保户之一，今年50岁，一直独居，家里没有牦牛等牲畜，田地林地等生产资料缺乏。在了解到她家的困难后，岳耀衡与她结成帮扶对子，帮她脱贫找方法。一是结合当地的具体情况，帮助她建立了一个小饭店，使她能够依靠本村的发展模式，实现创收；二是帮扶到位，解决切实困难。春节藏历年期间，看到她家里的生活物资缺乏，岳耀衡帮助她购买米、面、油等生活物资，让她开心度过欢乐祥和的节日；三是加强日常关怀，在看到四郎卓玛家里储备的取暖柴草即将用尽的时候，岳耀衡积极帮助她准备足够的柴草，帮助她过冬。

另外，岳耀衡认真贯彻落实习近平总书记"治国必治边、治边先稳藏"的重要战略思想，进一步强化了维稳意识。为落实维稳措施，做好长治久安基础工作，他积极抓好护村队建设，与驻村队员一起，多方筹措资金，为护村队的队员们配备了统一的作训服，并在节日及敏感节点，安排好了维稳值班工作，切实确保了全村的和谐稳定。

转眼进藏三年时间，岳耀衡切实感受到了在藏工作的艰辛，一年半的"第一书记"工作经验，也让他认识到了基层工作需要有更大的耐心和责任心。在援藏这个大舞台上，岳耀恒把青春、智慧、汗水和梦想挥洒在高原，收获的不仅是情谊，更是一份无法估量的宝贵的人生财富！

（山西省高校毕业生就业指导中心供稿）

援疆支教，无悔选择

我叫李维森，来自山西省沁源县，2016年毕业于长治学院沁县师范分院，现在新疆喀什地区莎车县古勒巴格镇中心幼儿园工作。

"选择了新疆就选择了吃苦，选择了新疆就选择了奉献。"带着亲朋好友的殷切希望与嘱托，满怀着为祖国边疆教育事业献身的坚定信念和热忱，我跟随着一大批和我一样的热血青年，来到祖国西部边陲——新疆喀什地区莎车县，开始了新疆支教生活。

2017年2月27日，我告别我的亲朋挚友，离开生我养我的可爱家乡，踏上了神秘陌生又充满无限遐想的新疆热土征途。临别时，心中有着万分的眷恋与不舍。我知道家人舍不得我离开，可想到万里之外那一双双渴望知识的眼睛，我没有犹豫，没有退缩，带着笑容离开我的家乡。

莎车县隶属新疆喀什地区，位于新疆西南边陲、昆仑山北麓、帕米尔高原南面，地处塔克拉玛干沙漠和布古里沙漠之间的叶尔羌河冲积扇平原中上游，面积8195.69平方公里。2013年，莎车县总人口80.42万人，是一个以维吾尔族为主体，回族、哈萨克族等13个民族聚居的边境县。我所工作的古勒巴格镇中心幼儿园，就在这个小县城的边缘。恶劣的气候、陌生的环境、迥然不同的风俗习惯、急待沟通了解的一群民族孩子以及对家乡亲人的不尽思念，这一切的一切对我来说，都是即将面临的考验与挑战。想到我从事崇高的援疆幼儿教育事业，我的心中不禁充满了豪迈之情，决心以自己的努力，来领悟"新疆人才引进教师"的真正含义，诠释"支教人"的真谛。

我的工作安排在莎车县古勒巴格镇中心幼儿园，担任大二班的汉语老师，同时兼任这个幼儿园的后勤工作。尽管在临行前已经做好了应对各种情况的打算，可来到教室，看见一屋子高鼻梁、大眼睛的维吾尔族学生时，还是茫然不知所措。这对于我来说，无疑是一个极大的挑战。不仅仅是教学思路的改变，更是人生阅历的丰富。

莎车地处南疆偏远的地方，距离首都北京有三千多公里，这里闭塞、贫困、落后，家长不重视教育，学生基础特别薄弱。尽管孩子们都个个长得非常漂亮，也很聪明，但是学习不主动。在这里，维吾尔语是通用语言，所以孩子对国家通用语言的学习认识很差，有的连1到10都数不下来。极少数家长思想认识不清，对孩子无原则地庇护，有些孩子是想上幼儿园了就来，不想来就不来。

记得第一次走进了教室，班里原来有两个老师，一个是教幼儿知识的老师，一个是管理幼儿生活起居的保育老师，都是维吾尔族老师，孩子们看到我既惊奇又兴奋，用不太熟练、近乎蹩脚的普通话，大声喊道："老师好！"我的心猛地紧了一下，一股暖流涌了上来。这些孩子和我在一起，分外亲热，完全没有民族界限。我看见他们就像看见自己孩子一样，也非常喜欢。

我们班里民族孩子上课的积极性很高，课堂气氛非常活跃。他们经常举手抢着回答问题，在用汉语表达不清楚时，就手脚并用比画起来，非常可爱。只要想起孩子们，我的心中总是幸福满满的。就在我完全沉浸在幸福的同时，问题接踵而来。由于家长不重视教育，对孩子的学习不管不问，从而导致孩子从入学那天起，就没有养成良好的学习习惯。每天布置的作业，只有少部分孩子能完成，还有些孩子连维吾尔语都说不清楚。我就先和孩子玩耍，成为他们心中的"老师爸爸"，平时在课堂上对孩子们任何一个小小的进步，都多加以表扬和鼓励，鼓励他们说汉语，说错了也没关系。这样一来，孩子们学习汉语的积极性一下子被调动起来了，学习气氛高涨。最让我高兴的是，有一个叫阿不都里提普的小朋友，刚开始连维吾尔语都说不了，经过这几个月的学习，现在每天早上见到我就会跑过来抱着我，说"李老师，你好！"

伴随着成功带来喜悦的同时，我的身体出现了这样那样的问题。时差、气候以及水土不服等原因，给我身体带来了严重的不良反应。新疆和北京有两个小时时差，时差一直倒不过来，我成夜成夜的睡不着觉。因当地气候太干燥、我火气大，出现流鼻血、口腔溃烂等病症。总之到了莎车后，我整个人的生物钟全乱了。

来新疆之前，家人朋友就告诉我：莎车地处多民族地区，情况非常复杂。这个地方曾经在2014年7月28日发生过暴恐袭击事件，当时造成的影响是极其恶劣的，由此家人朋友以点带面，说这里的维吾尔族同胞都是暴恐分子，其实这都是由于一些不法分子给维吾尔族同胞抹了黑。维吾尔族是一个能歌善舞的民族，一个热情好客的民族，更是一个有着优秀传统文化的民族。在日常的教学之余中，我深深地感受维吾尔族人的热情与淳朴。生病那段时间，尽管我什么也没有说，当地老师和我可爱的维吾尔族孩子们还是看了出来。老师们教我克服水土不服的有效方法，孩子们一有时间就围在我身边嘘寒问暖，逗我开心，我感受到了亲人的温暖。每天走进幼儿园的大门，听着孩子们的纯真问候，看着民族老师的热情微笑，每每这时，我的心里都会涌上了一丝幸福和感动。虽然莎车经济还不够发达，这里的人民生活还不够富裕，但这里不缺乏精神财富，他们可以自信地面对每一个人，可以快乐地做好每一天的工作。我知道，我已经深深地爱上了莎车，爱上了莎车这群可爱的孩子，我愿意把我的青春和热血洒在这片热土上！

在这里工作生活的这短短几个月，我见识并学习了维吾尔族歌舞，到维吾尔族老师家里做客，见识到了这里的饮食文化和建筑风格，还学会用简单的维吾尔语和老乡们交流……从中我了解了维吾尔族的传统文化。我觉得我所有的努力和付出都是值得的，在这里我真切领悟到了"汉族离不开少数民族，少数民族离不开汉族，各民族相互分不开"的真正意义。我相信，在党中央的英明决策下，在我们这些内地人才引进教师的努力下，新疆莎车的明天会更加灿烂美好！

在莎车，我付出汗水品尝幸福和快乐的同时，遇到了很多困难，我没有退缩，勇于面对。战胜困难的我，磨炼了意志，丰富了阅历，加快了成长步伐。这几个月以来，我学习了许多，沉淀了许多，积累了许多，这是我一生难得的宝贵财富。我见识了真正的沙尘暴，体会到了这里到哪儿都需要身份证和开包检查的烦琐。短短的几个月，我体验了种种在家无法想象的情境，我可以自豪地说：援疆无怨无悔，生命因援疆而精彩！

　　临行时家人朋友的叮嘱一直响于耳畔："选择了援疆就选择了吃苦，选择了援疆就选择了奉献，一定要对得起新疆孩子啊！"现在我可以说，我做到了，我没有给"内地人才引进教师"抹黑，没有给培养我成长五年的母校丢人！在以后的工作中我将一如既往，不辜负党和国家的重托，不辜负母校对我的殷切期望！舍家为国、不畏艰难、开拓进取，为促进新疆教育发展，为边疆巩固、人民幸福、国家昌盛，做出我最大贡献！用我的青春热血，铸造民族团结的历史丰碑！万里援疆，必将书写我人生的华彩篇章！

（山西省高校毕业生就业指导中心供稿）

内蒙古

他用实际行动诠释着"业精于勤"的人生信条

——包头职业技术学院杨佳龙事迹

杨佳龙,包头职业技术学院材料工程系2015届毕业生。现就职于北方重工业集团有限公司液压机械厂407车间。

他常常这样告诫自己:我不相信手掌上的纹路,我只相信手掌和手指的力量……

这个铁骨铮铮、永不言弃的汉子,用实际行动向世人诠释着"业精于勤"的人生信条。

一、初出茅庐

他出生于一个普通的农村家庭,父母均以务农为生,家庭条件并不好。年幼时的他就很懂事,在学校努力学习,课余时间帮父母干活,利用假期在外打工,为自己赚取学费和生活费,总想着要为父母减轻生活的重担。也由此,从小即练就了吃苦耐劳的品质。

 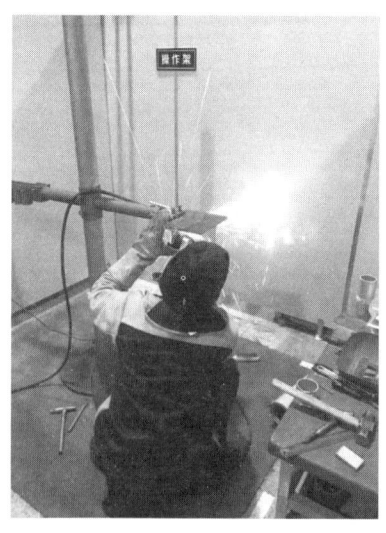

终于有一天,他如愿以偿,步入了大学的校园。眼前的一切,都令他感到

无比新鲜，似乎又有一种莫名的期待。

二、崭露锋芒

融入丰富多彩的大学生活以后，他在学生会从生活权益部干事做起，到担任生活权益部副部长，之后短短一年时间，他便担任了材料工程系学生会副主席一职。

其间，他以执着的工作态度和高超的组织管理能力，带领学生会成员参加了秋季运动会等学院举办的各项活动。同时，从这些活动中总结问题、发现不足，积累处理问题的方法和经验。他还带领同学们开展知识竞赛等形式多样的活动。

他以学生干部应该具备的素质从严要求自己，任职期间表现突出，获得了2012年度"优秀团员"；获得2013年、2014年"暑期三下乡社会实践活动优秀个人"；2013年学院"优秀共青团干部"以及2014年"优秀学生干部"称号等多项荣誉。

三、业精于勤

在校内的专业实训课上，来得最早、走得最晚、练习最认真最刻苦的那个身影，肯定是他……

终于，他成为老师的好帮手，他们一起设计制作了多功能羽毛球架、焊接实训基地安全树；维修了学院教学楼多媒体教室的座椅、足球门、宿舍护栏；还为一所自闭症儿童小学——包头夏圣·奥尔夫小学做了焊接方面的志愿活动，为社会贡献自己微小而暖心的力量。

2014年中国技能大赛前期，经过层层选拔，他被系部选为种子选手参加为期三个月的培训。本次比赛的要求非常严格，一点小失误就会影响总体成绩。面对种种难题，他那不服输的念头顿时冒了出来。他决定：精益求精，一切重新学起。

对于一个优秀的焊工而言，最基本的功力就是要蹲得住。因为蹲位作为最稳的焊接姿势，可以最大限度地保证焊缝的质量。没事干的时候，他就一个人蹲着，蹲到双腿麻木，失去知觉；每天用胳膊举着十几斤的焊钳，一举就是一上午，胳膊酸得抬不起来，吃饭时，筷子都抓不住；一天焊八块板，最后眼睛都花了，晚上睡觉时无比的疼；他的身上布满了大小伤疤，都是焊渣掉落烧穿了衣服造成的；有时焊渣烫到了胳膊，手中的活儿一直没停，因为一旦停下来处理胳膊，焊缝质量就会受影响；有时甚至会听到肉被烫焦的声音，被烫坏的衣服就更不用说了。就这样坚持着，他的专业水平得到了很大提升。

功夫不负有心人。

在"2014年中国技能大赛内蒙古职业技能竞赛包头市焊接竞赛项目"中，获得第五名；

在"2014年中国技能大赛内蒙古职业技能竞赛焊工项目"中，获得第七名（本次大赛由内蒙古人力资源与社会保障厅、自治区团委联合举办，来自兵器、电力、冶金、能源装备等不同行业企业共选派74名选手参赛）；

在2015年"内蒙古机电职业技能竞赛焊接项目"中，获得二等奖；

在2016年北京"嘉克杯"国际焊接技能大赛（MAG组）学生组获得第三名。

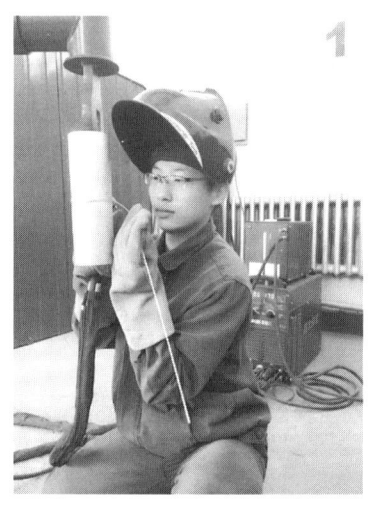

四、累累硕果

2015年7月1日，杨佳龙以优异的成绩从包头职业技术学院焊接技术与自动化专业毕业。2016年顺利进入北方重工业集团有限公司液压机械厂407车间工作。

刚进单位不久，杨佳龙便被选派参加首届军民融合职业技能竞赛。本次军民融合职业技能竞赛内容为碳钢焊接和铝合金焊接，主要运用焊条电弧焊、半自动气体保护焊、钨极氩弧焊、交流氩弧焊等多种焊接方法。铝合金焊接尤其成为一大挑战。然而，这些困难在永不服输、勤学苦练的杨佳龙面前，瞬间化为他职业生涯中又一项核心技能——得心应手地解决了铝合金管单面焊双面成型时出现的背面成型差、内部气孔、表面污染等一系列问题，取得了铝合金管焊接内部成型美观、焊接质量精细上乘的效果。

工作中的杨佳龙，在执着、勤奋的人生信条引导下，再一次取得了累累硕果。

在首届军民融合职业技能竞赛中，获得了第三名。

在包头市职工职业技能比赛中，一路过关斩将，获得了第一名的优异成绩。

参加了首届包头市高技能人才国际认证引育工程——国际焊接技师研修班，最终取得了国际焊接技师证书。

在所有卓越的成绩面前，杨佳龙收回了骄傲，岁月在他生命中积淀的，是内心的自信、从容与新的期盼。对他而言，人生的华美篇章才刚刚开始；未来更加辉煌的画卷，正在他心中徐徐展开……

（内蒙古自治区高等院校毕业生就业指导中心供稿）

闪亮的白色，青春的模样，让青春在平凡中完美演绎

——呼伦贝尔职业技术学院白泽宇事迹

白泽宇，1992年生人，2014年7月在呼伦贝尔职业技术学院护理系毕业后，同年来到市医院工作，而这一干就是4年。

工作节奏快、强度高，还要直面病痛带来的种种负面情绪，但依然要用温柔与微笑面对每一个患者。这看似平凡的工作却处处隐含着伟大，他们感受着爱、付出着爱、播撒着爱，这种痛并快乐着的状态是护士工作的真实写照。

一、砥砺前行 四年磨一剑

"是市医院吗？快来救护车！"一位妇女急切的声音从电话里传来，他以最快的速度记下患者的地址和电话号码，在风雨交加的冬季夜晚，都没来得及带上一件棉衣就匆匆提着急救箱冲了出去，救护车在漆黑的夜晚风驰电掣地行驶着，当车快到达目的地时，前面因修路，车无法前行，怎么办？绕道找别的路会延误患者的病情，不容多想，他立刻抬着担架步行到患者家，由于路面泥泞难行，一脚浅一脚深地试探着、行走着，两个裤脚都湿了，风一吹像是针扎一样疼，但是抬头望一眼那亮着的灯光，好像是患者期盼的目光，门口晃着手电筒的家属好像是无言的呐喊，这一刻他忘了急救箱的沉重，忘了寒风刺骨的疼痛。当到达患者家中时，一位60多岁的老人已呈昏迷状态，医生初步诊断为脑出血，而家中只有老伴两人相依为命。面对此情此景，他立即为患者清理呕吐物、测量生命体征、建立静脉通路，并立刻送患者到医院。事后他说，虽然已经筋疲力尽，但却感觉有一种无言的力量支撑着。

呼伦贝尔市人民医院急诊科是一个没有硝烟的战场，急促的电话铃声随时响起，不管是刮风下雨还是酷暑严寒，没有白天黑夜，没有吃饭与休息，更没

有节假日，24小时随时待命，承担大量的院前急救任务和8小时以外的门急诊工作。医护人员不但要面对生与死的搏斗和各种惨痛的场面，还要承受巨大的心理压力甚至急诊患者家属的责难或不理智行为。

4年来，他从最初对职业的陌生，渐渐地随着时间的推移爱上了这个岗位，始终以"解除患者痛苦"挽救病人生命为己任，在平凡的工作岗位上，努力学习，勤奋工作，全心全意为患者服务。一幕幕让人心痛或感动的情感洗礼和一次次与同事并肩作战的经历，让他深深懂得作为一名绿色通道上的白衣天使不仅要有过硬的技术水平，还要有急患者之所急的良好医德。

 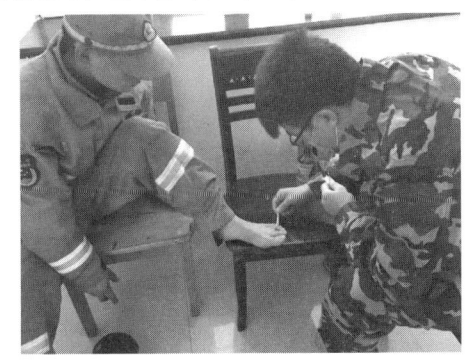

二、铁肩道义　生命的守护者

生命的意义在于过程。不要因为虚度年华而悔恨，也不能因碌碌无为而羞耻。白泽宇是这么说的，也是这么做的。

2016年3月16日，一位70多岁的流浪老人因不省人事被120送到急诊科。老人蓬头垢面、衣衫褴褛，身上的异味刺鼻，左下肢有一开放性伤口，需要立刻投入抢救，待患者生命体征平稳后，他一遍又一遍地把患者身上的血迹污垢清除干净，又急忙从家里带来干净的衣服为患者换上，还送去了热汤热饭，像亲人一样无微不至地照顾，直至患者离开科室。

急诊是医院的前沿阵地，经常接触的都是一些大型车祸或者是各种群体意外事件，并且还承担着一定的社会任务。在这里"三无"人员的救治，无人看管的流浪人员或遇到意外而联系不到家属的患者司空见惯。每到这个时候，他总是冲在最前面，一遍又一遍把病人身上的脏处和血迹清除，并主动沟通患者，解决实际困难。

在2017年5月2日的毕拉河森林火灾中，白泽宇接到了上级领导的指示，让他与同事前往受灾现场参与此次救灾，他们日夜兼程顶风冒雪赶往现场。到了那里，道路冰雪覆盖，被压垮的林木纵横，重伤员的抢救和转运都是他们一步步推着救护车，边走边清理道路，艰难地进行救援，走了半夜才把重伤员转送出来。救治任务的完成没能让他们停下脚步，看到在毕拉河林业局杨其河林场有近千名森警官兵留守，他们医疗队主动留下来，为部队提供医疗保障服务，直至子弟兵全部撤退。

在采写的最后，白泽宇的一席话让我记忆犹新。他说："或许，这份职业收入不高；或许，这份职业工作劳累不分昼夜；或许，这份职业困难重重，但我现在是一名护士，我就一定要做好这份工作，为患者的健康负责，为患者的痊愈出力。这不仅是我，一名年轻护士的想法，还是所有护理工作者的心愿，更是一名中共党员应尽的职责！"

（内蒙古自治区高等院校毕业生就业指导中心供稿）

不忘初心,逐梦前行,为家乡建设贡献青春

——内蒙古工业大学尹慧娟事迹

尹慧娟,女,蒙古族,1990年6月出生,中共党员,2013年7月毕业于内蒙古工业大学能动学院能源与环境系统专业,2013年8月~2016年10月参加大学生服务西部计划,服务于和林格尔县人民检察院,2016年10月至今任和林格尔县新店子镇人民政府党政办秘书。

一、一场相见,一见钟情

毕业那年,一次偶然的机会,尹慧娟从学校的官网上看到大学生服务西部计划,这使她对基层就业产生了浓厚的兴趣。带着好奇,她开始从网上查阅相关资料,找参加过"西部计划"的学姐了解情况。经过多方了解,她坚定了参加大学生服务西部计划的决心,她选择通过这样特殊的方式就业。

尹慧娟本就来自西部,对西部地区有着土生土长的情怀,所以她更希望自己为西部发展、为家乡建设贡献一份力量。2013年6月她报名参加大学生服务西部计划,并顺利成为一名西部计划志愿者。入职培训让她对基层工作有了全新的认识,通过观看优秀西部计划志愿者的先进事迹,她被一个个真实感人、青春激情的故事深深地感动了。她从这些志愿者们不一样的人生中又一次读懂了基层的需要、了解了家乡的需要,服务基层的决心深深地扎根心里,她坚定信念要在这条路上义无反顾地走下去。

二、勤学善思,虚心求教

刚刚投身基层工作的她没有工作经验,面对有些工作总是措手不及。为了尽快适应新的挑战,她开始了取经求道之路。她经常加班加点,翻阅大量文件材料,学习理论知识和方针政策,提升业务知识;主动向领导和前辈们请教,虚心学习,摸索实践。通过把学习融入工作、在工作中不断学习,尹慧娟的工作能力得到了明显进步,同时也得到了同事们的认可。

一段时间的志愿服务工作,让她更渴求继续在基层服务,为家乡贡献力量,为此她每年都要参加十几场考试,尽管最终结果总是不尽人意,但这不但没有消磨她的意志,反倒越挫越勇,直到参加 2016 年省考。尽管参加考试,尹慧娟仍不忘认真完成本职工作,所有的复习都放在了晚上。尽管路途艰辛,但努力付出终有回报,她如愿考上了和林格尔县新店子镇人民政府,她终于可以继续留在基层服务。她的努力、坚持、坚定,影响着身边人,更激励了更多的学弟学妹。

在新的工作岗位上,她依然不忘初心,坚持全心全意为人民服务,循规守纪,认真负责,受到单位领导和同事们的一致好评,连续 3 年工作考核优秀。她时刻严格要求自己,充分发挥一名共产党员的模范带头作用,以职责为己任,诚实做人,踏实做事。

三、脚踏实地,扎根基层

尹慧娟深知基层工作的琐碎和繁杂,但面对一成不变的工作,她始终秉承踏实肯干、稳中求新的原则。她常说,基层工作就像高楼大厦的地基,基层不实,所有的工作都会受到影响。就是这种坚持,让尹慧娟在平凡的工作上也能一如既往,展现自我。

基层工作压力大、任务重、要求高、待遇低,面对这份"难、苦、累",尹慧娟从没怨言,不计得失,从容面对,只为心中那一成不变的信念。

在"难"中敢于磨炼。尹慧娟不断考验自己,锻炼自己,遇到困难咬牙坚持。她的工作面向基层群众,难免会出现误解,面对老乡们的开口大骂和无理取闹，她总是耐心解释、细心处理，直到误会消除。事后她也会委屈地哭，但哭过之后依然笑对工作，不会退缩。她说，以后的工作中会遇到更多困难，不经历风雨哪能见彩虹。乐观的心态让她不断成长。

在"苦"中勇于担当。作为一名党员干部，尹慧娟有着强烈的事业心和责任感，勤勤恳恳，任劳任怨，专心致志，精益求精。在工作中勇于负责、敢于负责、善于负责，在"苦"中寻找快乐。

在"累"中乐于奉献。泥泞的路上才有脚印，困难的时候才见精神。身处基层，加班加点是经常的事，尹慧娟常常因为工作加班到深夜，也经常因为工作忙而临时推掉与朋友和家人的相聚，朋友们有事会打趣地称她为"工作狂"。尹慧娟有时也会说，她觉得最对不起的是自己的家人，陪他们的时间太少了，这又何尝不是所有国家工作人员的心声呢。虽然劳累，但她热爱自己的工作，更热爱她服务的这片土地。

四、不忘初心，逐梦前行

尹慧娟说她之所以选择报考更基层的乡镇，是因为她想在更贴近百姓的地方工作，她知道会更加艰苦，但正因如此才更缺人才，更需要像她这样的人去工作，也正如当初参加服务基层志愿者出征前喊的口号一样，"到西部去，到基层去，到祖国最需要的地方去"。

她主动要求分配到事情最多、最忙的科室，一方面她想检验一下自己三年服务基层的工作成果，另一方面她也想再多一些历练，以便更好地为基层服务。认真负责、积极上进、工作效率高是同事们对她的一致评价。在新工作中，她也发现了自身的问题，理科生出生的她文字功底不够硬，为了尽快克服这一困难，她反复翻阅报纸和文件，每天坚持写材料，并找经验丰富的老秘书给自己指导，让自己能更好地完成工作职责。

常言道，心在哪里，风景就在哪里。为了心中的坚守，尹慧娟决定扎根基层、服务基层、建设基层，将自己的青春贡献给家乡。她是青年人的榜样，也是基层工作之路上的领路人。

（内蒙古自治区高等院校毕业生就业指导中心供稿）

辽宁

给梦一个旅行

——锦州医科大学田孟然事迹

田孟然,女,共青团员,锦州医科大学口腔医学院口腔医学专业2015届毕业生。田孟然2015年毕业时,来到西藏军区总医院口腔科工作。

一、怀揣梦想,冲破阻碍,投身高原

西藏,在田孟然的心中不仅是巍峨壮美的山川,巨浪轰鸣的峡谷,一望无际的平原,更是一块充满灵性的土地,是一块智慧的高原,是心灵旅程的伴侣,是大智慧的缔造者。在《修心——和最爱的人去西藏》这本书里,"除了天堂,唯有西藏,洗涤灵魂,净化心灵",这句话给田孟然以深刻的震撼,让她感觉西藏是那么遥远却又那么熟悉。于是在2013那年暑假,田孟然来西藏旅游,她翻过念青唐古拉的雪山山峰,走过羊卓雍错湖边的石子滩,仰望过玛布日山上的布达拉宫,俯看过峡谷处汹涌澎湃的雅鲁藏布江。在西藏的几天时间里,田孟然看到的不仅仅是美景,还有当地居民缺医少药,急需医疗人才的现状。从那时候起,她就决定一定要再来一次,再一次认认真真地感悟西藏,同时为西藏奉上自己的梦想和微薄之力。

2015年春季,田孟然从老师处得知西藏军区总医院招聘口腔专业毕业生时,就毫不犹豫地报了名。父母知道后,坚决不同意,她的家庭条件不错,是家中的娇娇女,父母根本舍不得孩子去四五千里之外工作,又是高原缺氧又是物资缺乏。在那段时间里,亲友、父母轮番做工作,从个人发展到孝敬父母,每个道理都对,都促动了田孟然的心,但她心底对西藏的那份爱和坚持始终没有放弃。最后,是学校老师和其父母进行了一次深谈,把近年来西藏的发展变化详细介绍给家长,把学生的职业发展道路告诉给家长。有了老师的沟通,看到了孩子的决心,田孟然的父母最终也尊重了她的选择,同意她去西藏工作。朋友、同学都非常费解,觉得以她的成绩完全可以去一个条件更好的医院工作。朋友说,不能因为一时的心血来潮,去西藏旅游可以,去工作要慎重,条件要比内地差很多,甚至几年后的个人发展要比同学差。田孟然告诉同学们,这是她一直以来的理想,青年人不能只看眼前的苟且,要能舍得一些物质利益,在高原更有她的价值。就这样,田孟然带着父母的惦念和朋友的祝福,毕业后来到了西藏,投身到高原的医疗工作中。

二、初入高原,困难重重,相互扶持

田孟然到达西藏军区医院开始工作时,虽然做好了思想准备,但很多困难还是不期而遇。

首先,要适应高原长期缺氧的环境。拉萨的海拔并不算高,但长期生活在此,依然感受到很多生理上的不适。到西藏的第一个月,头晕、恶心等高原反应就没有停过,很多时候已经影响到正常的学习工作。好在医院给予了很宽松的环境,让新入藏的毕业生逐渐适应。其次,要做好所有的生活安排,工作和校园生活有很大的区别,常常是顾头顾不了尾,生活用品总是缺东少西,吃食堂的饭菜多少有些不适应,不如家乡口味合适,医院的领导和老师都给予了最大的帮助,经常带毕业生去自己家改善生活,帮助他们渐渐适应高原生活。还有,就是独立开展诊疗工作时,总是有些紧张和不安,害怕知识记忆不够牢固诊断错误,害怕操作不够熟练出现失误,甚至害怕自己年轻不被患者信任。而科里的老师们,总会在年轻人不知所措或是出现问题的时候第一时间给予帮助、指导,帮助其建立信心。年轻人开始从最基础的操作做起,配台、观摩、学习;而他们,倾囊相授。

但最让田孟然感伤的就是思乡。远离父母亲人、朋友,只能通过网络和电话聊慰思乡之苦,每当夜深人静的时候,总是会想起父母和朋友,但一想到明天还有患者在等待,感到一切都还是值得的。2016年2月8日春节,田孟然第一次孤身在外过春节,其实过年不回家的不仅仅有年轻人,还有医院里各个科室许许多多的医生,因为要值班,要坚守岗位,要救死扶伤。无论哪里的医生,其实都是最忙碌的一群人。而西藏的医生,离家遥远,并不是逢年过节几天的假期就能回去的。想念亲人,在这里是最无奈的,却也是最感动的。在西藏的第一个春节,虽然想念家人,却过得并不孤单。科室里的老师和同事就聚在一起,包饺子,做菜,摆起一桌并不华丽却丰盛温暖的年夜饭,一起边看边吐槽春节晚会。这些最可爱的人,在祖国的最西边,教会年轻人如何在远离家乡的地方也要开心和快乐地生活。

三、坚守平凡岗位,守护边疆人民,实现人生理想

田孟然在西藏军区总医院工作两年来,深刻体会到医生是最可敬可爱的

人。他们用手中的检查器械、医疗设备,用不断更新的医学知识,继承和发扬"老西藏精神",用爱和坚持,守卫着祖国最西边的高原,守卫着边疆的战士,守卫着西藏的人民。

在两年的工作中,田孟然成长了许多:门诊接诊患者、诊断处置,可以从容稳定,可以尽量避免不必要的失误;单独值班,急诊外伤,可以不急不慌,根据具体情况做合理安排;病房病历,外科手术,可以及时书写上交,术中默契配合主刀,术后细心照顾换药。

西藏的生活条件差,医疗保健知识也很欠缺。田孟然见过一个藏族的姑娘,姣好的脸右边肿胀得厉害,牙齿的疼痛和感染引起的肿胀让她张不开嘴,进食困难,却孕育着另一个小生命。那个藏族姑娘住了院,做了手术,控制了感染,但是却没有保住她的孩子。其实在牧区和山区,甚至有些村庄小镇,因为对医疗保健知识不足而造成耽误病情的例子很多很多,令人唏嘘。医院经常会组织医生下地方巡诊和治疗,就是希望类似的悲剧越来越少,给需要的人送去最及时的帮助。

田孟然在西藏、拉萨帮助了很多患者,给他们解除了病患。在这片广袤的土地上,需要她这样有专业技能的人才,藏民和牧民是如此需要她,这就是青春的意义,是人生价值的体现,是理想的绽放。当年华老去后,她回首往昔,会对自己说,"我的青春没有虚度"。她愿意为西藏贡献自己的热血和青春!

(辽宁省大学生就业局供稿)

勤奋是迈向成功的阶梯

——辽宁轨道交通职业学院赵美琦事迹

赵美琦，女，辽宁轨道交通职业学院 13 届物流管理专业毕业生，现任辽宁安吉联合汽车物流有限公司、汇众服务部的计划员。

该生自入校以来，能够严格要求自己，思想积极要求进步；学习刻苦虚心，成绩优异，多次获得学院奖学金；工作主动热情，认真负责；生活勤俭节约，朴实严谨；团结同学，热爱集体，积极参加院系组织的各项活动。担任学院质检处学习部长和班级学习委员的职务，勇于担当、公私分明、尽职尽责，有较强的领导能力和沟通能力，并获得 2014—2015 学年度优秀学生干部，是同学和其他学生干部学习的榜样。

2015 年 11 月凭借优异的学习成绩和出色的个人表现被辽宁安吉联合汽车物流成功录用实习。她觉得自己既然选择了物流，就要在物流这个领域闯出一片天地。褪去了初出校园的青涩，敛去了初入社会的忐忑，摒弃了依赖父母的娇宠。她在安吉的第一个职位是操作工，这份工作让她品尝到了劳动的艰辛，每天长时间的站立和酸疼的双腿并没有让她退缩，反而激发了她的斗志。做物流最忌浮躁，要处理的事情很枯燥，但她在物流工作过程中，学会了如何学习，如何调整心态，如何为人处事，很快在排序班组以优异的工作能力脱颖而出。她处事大气、机智，公司经理和主管关注到她的综合素质，在她实习 3 个月的时候就提升她到汇众服务部做一名计划员。

她在工作中的努力拼搏让她的青春更加精彩，让她获得了宝贵的锻炼自己和提升自己的机会。如今的她，在师傅的耐心教导和细心指导下，在同事们的关心鼓励下渐渐地融入工作之中，并坚信自己会做好这份工作。一个月的时间就胜任了这份工作，出色的工作成绩证明了她自己的努力。她由开始时对环境的陌生，到熟悉每个零件的摆放，再到成功掌握接收到发运的整个体系，她快速地成长起来。这不仅得益于大学的专业培养，也离不开她在工作后的不断学习，她在学习实践本专业知识技能的同时，还学习其他岗位相关知识和技能，现在的她不仅已经能灵活运用知识技能完成岗位的基本操作，而且还能和相关部门默契配合。

2016年8月她正式成为辽宁安吉联合汽车物流的一名员工。计划员在整个车间是桥梁和纽带的作用,要收集现场零件来料问题,要上报主管相关事宜,要反馈现场解决措施。做计划不能纸上谈兵,要实际行动。她深入现场,对现场操作流程全面深入了解,加强对零件的认知学习,对库存情况跟踪记录,掌握每个零件的包装、数量,熟知来货方式及零件的直属,针对个别零件溢库进行分析整合,找到解决办法。总之就是在现场中直接把握物料状态,从现场角度思考问题,解决现场实际问题,从而提高自己对事情的分析能力及判断能力,成为一个合格的计划员。

她不仅积极参加单位组织的提升培训,不断学习和提高各大体系的基本理论,而且还学习新知识,不断创新,勇于尝试从未想过的、从未做过的新事物,使自己快速成长。

她在工作实践中进行大胆创新,大大提高了工作效率。首先是改进工作使用表,减少了填写错误。计划工作每天要使用很多表,这些表都很烦琐,在填写的过程中很容易出错。为了防止填写错误,她把需求表格都做好公式,并在报表中增加公式的放错功能,这样就能避免误敲,降低错误率,提高工作效率。她还改变了供应商对账的固定频次,将每月对账提高为每周对账,送货频次高的提高为每天对账,这样缩短了供货频次高的供应商的对账周期,提高了准确率和工作效率。她的创新也推广到同事中,受到了领导和同事的一致好评,在她的努力下,现在的库存和账务都清晰明了。

她积极响应企业号召,在工作中和活动中都有突出表现。2018年国家、企业一直都在提倡降本生效,与现场一起降低库存,她全身心地投入。她计算安全库存,在有效时间内保证生产不能停线;她调整零件货位,有效避免有溢出零件和库存比实际货位小或大的现象。在合理的货位中进行有效转换,最大限度地利用空间。这样调整后的整体库存降低60%,库区焕然一新,货位整整齐齐,物料井井有条。

她还参加了2017年"我与安吉成长"安吉联合演说家竞赛,并取得优异的成绩,为部门荣获"团体最佳新人奖"荣誉称号。

在基层一线岗位工作一年半的她,作为辽宁安吉联合汽车物料的代表回到我院招生,她带着经验给15届的毕业生讲了一堂丰富的社会实践课。站在讲台上的她很自信,带着微笑,带着对老师的感恩之情,带着对母校的不舍,用自己的经验讲述她的故事,给学弟学妹们做就业指导。怎么写简历,确定什么样的目标,坚持什么样的态度,要知道自己想要干什么,怎么干,不能盲目地跟着家长的想法,要走自己的路。还针对物流专业进行详细分析,用她的成功经验证明我院老师的努力已经开花结果。

总之,该生在大学 3 年中从未骄傲自满,珍视在奋斗中得到的经验和挑战的机会。她积极上进的个性让她取得了很多荣誉,她不服输的心态让她在不断的锻炼中变得更加成熟。正是这些,使她得以健康地成长,不断地成熟,从而走向成功。"聪明出于勤奋,天才在于积累。"在这个女孩身上呈现出一个勤奋、睿智青年的朝气、活力与自信。相信在以后的风雨路程里,她勤奋上进的精神、谦虚好学的品质、坚强勇敢的意志会使她高扬理想的风帆,冲破风浪的阻碍,驶向成功的彼岸!

(辽宁省大学生就业局供稿)

心怀母校，在西部闪光

——沈阳大学宋东升事迹

宋东升，25岁，籍贯黑龙江省富锦市，毕业于沈阳大学应用技术学院，大学期间担任校团委学生干部、团市委创公益项目评审员、班级团支书等职务，并积极参加各类公益事业团体活动，如，参加"十二运"城市志愿者服务、参加沈阳大学PT义工协会活动、做沈阳野生动物保护基地社工等。2015年宋东升作为辽宁省高校生源参加大学生志愿服务西部计划西藏专项，服务于西藏日喀则市文化局。

自2015年7月进藏至今已过去两年的时间，时光荏苒，宋东升始终谨记到西藏去的目的：到西部去，到基层去，到祖国最需要的地方去，奉献自己的力量，尽自己作为青年志愿者报效祖国的义务。他说："在青藏高原的蓝天下，我深深热爱着这片土地、这里的人们、这里的牛羊，对能够成为西部计划志愿者中的一员倍感荣幸，会尽自己最大的努力把各项工作做好。在志愿服务西藏的岗位上有许多艰难险阻，但我对自己的选择无怨无悔，甘之若饴。"正是宋东升的这份努力，让他可以在有限的时间内处理更多的事、经历更多的锻炼、收获更多农牧民的好评。

基层村居是服务群众的最前沿，在组织分配他赴珠峰脚下的定日县措果乡嘎热果吉村开展"强基础惠民生"工作时，宋东升便开始肩负起驻村责任，与农牧民同吃同住同劳动，积极开展各项基础建设任务，大家干什么活他就干什么活。当地农牧民亲切地叫他小宋同志，用略显生涩的汉语对宋东升说，"可以，身体好""小宋，可以"。宋东升也在用实际行动传播志愿服务的理念，他利用现有的三名人手组建环保志愿服务队，在业余时间发起"环保先行示范清理治理"活动，在工作之余加强所在村子的环境保护。在环保志愿服务队的感召下，许多村民自发参与到他们的环保活动中来，年龄大的有50多岁，年龄小的七八岁，老少群众齐动手、护环境，截至赴基层村居工作任务结束，共有60人次参与到环保活动中，累计147工时，加强了干部群众间的沟通交流，让志愿文化得到有效传播，更让村容村貌得到极大的改善。面对出村道路老化、村庄土地灌溉水源匮乏、村集体产业艰难发展、牲畜牧草短缺等情况,尽他最大的努力出谋划策,连夜筛选项目、草拟项目建议书,积极申报和争取惠民工程。在日喀则市文化局领导的帮助下,得以组织当地群众共同将1500米出村路面由土路改为砂石路、村庄有了能够满足全村农田灌溉需求的崭新水塘($100m \times 50m \times 5m$)、村集体有了属于自己的拥有三个机床的小型糌粑厂、村委会建起了一间36平方米的多功能文化活动室、为村民募集总价值约13.6万元的物资(主要为传统重要服饰氆氇,至少每户一件)。村民家中有坏掉的电器,宋东升还会免费帮着修理。2016年5月定日县内地震频发,宋东升所在乡震感尤为明显,他结合急救培训所学知识储备必备药品,组织驻村队员加强全天维稳巡逻力度,督促群众住帐篷,远离土坯房、危房,将潜在风险及时排除并防患于未然。不知不觉间,他和当地群众建立了深厚的友谊。为期一年的驻村任务结束时,宋东升带领工作队开展的各类项目让嘎热果吉村每年人均增收约410元,回到市区后一直保持着同基层服务地的联系。因良好地完成各项工作任务,在市文化局和相关部门的推荐下,荣获自治区级先进个人荣誉称号。

宋东升主动联系并携手山东建筑大学支教团帮扶当地乡村小学。山东省志愿服务队伍全国闻名,在得知有一只支教队伍准备赴西藏做支教服务时,宋东升主动与其所在的山东建筑大学校团委联系,沟通合作意向,策划支教方案,成功携手山东建筑大学中华励志公益团参与到日喀则市乡村小学的义务支教活动中。现已举办两期,为当地学生带去大学校园的关怀、带去趣味横生的艺术课、带去欢声笑语、带去一对一的助学帮扶,并给当地乡村小学募捐款、捐物。支教任务结束时,支教队员们得到乡委乡政府领导和小学校长、老师、学生及学生家长的一致好评。

同时,宋东升还积极参与日喀则市文明城市建设。日喀则城市发展每天都在发生着日新月异的变化,城市文明建设更是取得长足进步。在日喀则文明城市建设中他有两个身份,既是一名日喀则市公共文化志愿服务队伍管理者,也是一名日喀则交通文明志愿者。工作时间,他负责本职工作中的公共文化志愿者招募、管理工作,组织各项公共文化志愿服务工作,该团体由市文化局组织、监督、管理,各县区文广局具体管理,目前已有890名具有一技之长的有志之士加入进来,队伍已覆盖全市所有县区,并在持续增加,为日喀则市公共文化志愿服务体系不断完善打下坚实基础。业余时间,他投身于文明交通的指挥工作中,指挥时间最长的时候会在交通文明岗位从早8点指挥到晚9点收工,忙的时候一上午都没有喝水的时间,生怕因为一个失误导致交通剐蹭等事件的产生。

宋东升的工作,更多的是在科室默默无闻地处理日常事务上:筹备各类文艺活动方案、收集各种项目材料分析整理、向各个县区下发通知、督导检查公共文化建设工作、办理日常勤务等。回首志愿服务过程中的艰难与困苦,他抬起头自豪地说:"我认真完成了为期两年的西部计划志愿服务工作,其间积极参与西藏文化建设、努力维护民族团建、贯彻落实了上级各项工作安排,并得到领导、同事和我区各族群众的认可,没有给辽宁西部计划志愿者这个响亮的称号丢脸,没有辜负母校选派我前来做好西部建设的嘱托,没有辱没党中央、团中央以及自治区、日喀则市各级领导交于我的光荣使命。"相信还有很多很多的志愿者,正在自己的岗位上默默奉献着、努力着,宋东升所做的仅仅是冰山一角,但他并不微小,山川河流都是有无数的微尘组成,中国有不计其数像他们这样的志愿者,这股属于志愿的洪流必然将越聚越多,奔腾入海,为中国的社会志愿服务发展提供源源不断的动力!

(辽宁省大学生就业局供稿)

吉　林

立足基层谋发展，不忘初心贯始终

——东北电力大学吴鹏鹏事迹

吴鹏鹏，男，汉族，中共党员，江苏连云港人。2010年考入东北电力大学理学院信息与计算科学专业学习，在校期间任院学生会主席。2014年6月毕业，同年8月，通过吉林省委组织部选聘，到吉林省桦甸市常山镇常山村工作，任职常山村党支部书记助理，2016年4月，通过常山村党支部换届选举，任常山村党支部副书记。2016年10月，经常山镇党委研究决定，任常山镇人民政府社会事务管理办公室科员。

常山村为常山镇政府驻地，辖1个社区、6个自然屯，总人口2246人，耕地总面积292公顷。村民经济收入以玉米种植为主，部分村民在镇区从事商品经营等服务行业。村民人均年纯收入6000元。村集体经济收入以发包车辆、种植中草药等为主。

2014年8月，满怀憧憬的吴鹏鹏初到常山镇常山村时，才发现农村生活并不像自己想的那么美好。一方面，作为南方县城长大的孩子，对东北农村的情况并不熟悉；另一方面，常山村作为常山镇的中心村，小城镇和村屯的情况交织复杂。为了加快实现角色转换，他暗下决心，一定要用最短的时间融入村集体的大家庭中，先做村民再做"村官"。他积极融入村集体当中去，走访老党员、老干部、困难户、普通村民，几个月下来，基本摸清了村里的情况，和村民的距离也变得近了。

在担任村干部期间，基层党建、扶贫攻坚、土地确权、低保评定、村屯绿化……常山村的大事小情里，总能看见他忙碌的身影。他和常山村三委班子一起，为村里铺设道路、修建沟渠、安装路灯……解决了老百姓最为关心的问题，顺利完成了上级交办的各项任务。他深入群众，扎根农村，利用自己所学，全心服务农民，建设农村，成为大学生村官这一建设新农村重要力量中的一员。

一、深入群众，成为农民朋友的贴心人

作为常山村的"外来者"，面对农民群众的质疑声，吴鹏鹏从没有胆怯和退缩。他始终将自己作为常山村的一分子，经常主动到村民家里拉家常，干农活，在平时的沟通中增进彼此之间的感情。2016年，常山村有村民响应镇政府的号召，开始试验种植中草药。因为中草药是外来品种，本地村民从来没有种植过，所以村民在种植的过程中，存在较大困难。吴鹏鹏通过在网上自学、咨询专家等方式学习中草药的种植方法，及时解决村民种植过程中的疑惑。他还经常到村民地里，实际查看中草药的生长情况并帮助村民除草、施肥。中草药长成后，他和村三委班子一起，指导帮助农户收割、晾晒、销售。当年，中草药纯收益达2700元每亩。在平时的工作和生活中，吴鹏鹏通过网络和书籍了解农村工作的方针政策、法律法规等，积极主动和村三委班子沟通请教。渐渐地，吴鹏鹏从一个农村工作的门外汉成为农村工作的一把好手，也逐渐赢得了村干部和群众的信任。每逢村里有事，或是邻里纠纷等，干部和群众总能想到，在村委会还有一个大学生"小吴"。"小吴"来村里是真心实意为老百姓办事情的。在2016年4月的常山村党支部换届选举中，"小吴"顺利当选为常山村党支部副书记。

二、增强动力，成为农村党建的推动人

习近平总书记多次在会议中指出，要把党要管党、从严治党落到实处。党建工作作为党支部最重要的工作之一，意义重大。为了充分发挥党组织的战斗堡垒作用，让常山村所有党员紧紧围绕在党组织身边，吴鹏鹏和常山村党支部成员一起积极谋划思路、落实工作。一是对常山村所有51名党员进行再一次梳理，通过电话联系、实地走访等方法，联系到常山村的每一名党员。将所有党员的联系方式、现居住地等信息登记存档。建立常山村党员交流微信群，方便党员联系。根据村屯所在地等信息，将全体党员划分为7个党小组，建立网格化管理体系，并在党小组推选一名小组长，负责党员的日常管理。二是在新改建的村部中，设立党员活动室、会议室等。按时召开支部党员大会、支部委员会、党小组会，常山村党支部定期邀请常山镇党委书记、党建办主任等为常山村党员上党课，从而增强常山村党员的凝聚力。三是在村里的日常工作中，通过安排43名无职务的党员包保贫困户、包片区绿化、包片区治安等方式，一方面使全体党员参与到村里扶贫攻坚、村屯美化、治安管理等工作中来，另

一方面为村里日常工作注入新的力量。常山村党支部的党组织战斗堡垒作用显著增强。

三、脱贫攻坚，成为农村脱贫的服务者

2015年11月，习近平总书记在中央扶贫工作开发会议上强调，坚决打赢脱贫攻坚战，确保到2020年所有贫困地区和贫困人口一道迈入全面小康社会。2016年1月，经过前期调查、梳理、民主评议等程序，常山村虽然不是贫困村，但是依然存在88户贫困户，141人贫困人口。为了尽快消除贫困人口，吴鹏鹏和村三委班子积极谋思路、求发展。前期，吴鹏鹏和常山村三委班子一起，对88户贫困户逐户进行入户调查、填写贫困户调查表，将贫困户的基本情况彻底摸清，为制定脱贫措施打下坚实基础。经过常山镇政府指导、前期调研等工作，常山村最终确定种植中草药脱贫项目。中草药种植劳动量小且经济效益较高。结合贫困户的实际情况以及个人意愿，实施不同的扶贫措施。对有劳动力的50户贫困户，一是利用贫困户贷款优惠政策，为5户贫困户争取共计10万元的免息扶贫贷款资金，发展大棚种植、养殖等产业，共计创收3.6万元。二是响应镇政府号召，联系药业公司与14户贫困户签订共计14亩地中草药种植收购合同，常山镇利用扶贫专项资金，为贫困户免费提供种苗以及技术指导，2016年，种植中草药为贫困户创收4.2万元。三是雇佣31户贫困户作为常山村集体经济的工作人员，共计创收15.6万元，让贫困户有尊严地脱贫，变输血为造血。对没有劳动力的贫困户，联系有关部门为其办理低保等最低生活保障，督促其子女履行子女赡养义务；对因学致贫的贫困户，联系东北电力大学等高校爱心组织进行爱心助学，联系教育局等教育机构，为其子女提供助学、减免学费等；对因病致贫的38户贫困户，联系医院等机构，共计减免11.2万元医药费。吴鹏鹏为了早日实现贫困户的脱贫目标，经常出现在常

山村的田间地头、贫困户家中,查看指导贫困户的产业发展,热情询问贫困户的近况以及存在的困难,并将相关情况及时汇报常山村党支部,为跟进脱贫工作打下基础。2016年年底,常山村已经脱贫55户贫困户、88人贫困人口,预计到2017年年底,将实现全部88户贫困户,141人贫困人口的脱贫目标。

四、扎实工作,成为农村工作的行里人

在平时的工作中,吴鹏鹏踏实肯干,勤勤恳恳,始终严格要求自己,牢固树立全心全意为人民服务的宗旨,认真完成上级各部门安排的各项任务,努力不辜负镇、村领导以及村民的期望。从刚到常山村质疑的声音到现在村民见面热情的一句"小吴",吴鹏鹏已经完成了从刚出校门的学生到一名基层干部的蜕变。2016年10月,吴鹏鹏在村任职期限已满,经过常山镇党委研究决定,任命吴鹏鹏为常山镇人民社会事务管理办公室科员,主持社会事务管理办公室工作。负责常山镇招商引资、项目建设、民营经济、安全生产等方面工作。吴鹏鹏正在以更加饱满的热情,投入到工作中。

目前,吴鹏鹏虽然已经调任常山镇工作,但是作为常山镇包保常山村的包村干部,吴鹏鹏依然关心常山村的工作开展。参加工作已经近三年时间,吴鹏鹏这种甘于奉献的品质、全心全意为人民服务的态度、满腔的工作热情,赢得了当地领导群众的一致好评。先后获得常山镇优秀共产党员、桦甸市经济工作先进个人、桦甸市安全生产工作先进个人等荣誉称号。如今的常山村物质文明与精神文明共同发展,三委班子号召力强,群众精神饱满,正在社会主义新农村建设的道路上踏浪前行!吴鹏鹏更加清醒地认识到,只有通过不断学习、不骄不躁,时刻以人民利益为重,才能为中国社会主义现代化建设做出更大的贡献!

(吉林省高等学校毕业生就业指导中心供稿)

吉林市龙潭区江密峰镇大学生村官

——通化师范学院张海奇事迹

我是吉林市龙潭区江密峰镇南沙村的一名大学生村官,任职已满4年时间,现任南沙村党支部副书记一职。曾获得吉林省"创青春"挑战杯创业计划大赛实践类银奖,2014年获"吉林市百家创业示范店"称号,同年被团市委评为"吉林市创业标兵"等称号。

我毕业于吉林省通化师范学院中文系汉语言文学专业,在校时任学生会主席一职,毕业之际,参加了吉林省大学生村官考试,成为一名光荣的大学生村官。实际上,在农村这片广袤的土地上立足并走上建设社会主义新农村、发展集体经济而不懈奋斗的道路,虽然只有一年的光景,但却是经历了很多的变故。下面我谨按照我参加工作以来的时间顺序浅谈一下我的思想变化和创业经历。

我爱好主持,并参加过很多全国及省级的主持人大赛并获得不错成绩,参加工作不久,被区里选为龙潭区迎新晚会的主持人。那个时候,我有些沾沾自喜,因为我施展了自己的特长,并且可以按照我所谓的理想状态继续下去。伴随我在工作中的不断成长和学习,我更进一步地明确了自己的工作职责和方向。在国家不断发展农村经济的大环境下,在诸多鼓励和支持大学生村官在农村创业、做致富带头人带领农民共同致富的政策下,我知道,我不能平庸地待下去,我要做点儿什么,不愧于国家对大学生村官的培养和支持。自2013年3月12日起,我向江密峰镇党委提交了企划书以后,得到了镇党委大力的支持和鼓励,镇党委书记责任主管农业镇长亲自带领我挑选基地,并帮助携同办理公司执照。虽然办理的过程很复杂,但是在镇党委与区工商局的协调下,区工商局领导对于此事也给予了大力支持,最终在6月成功地办理了工商执照,并取名吉林市塞特牧业有限责任公司,主要经营项目为牛羊养殖。

短短的三个月期间,经历了很多事情,包括选址、签订协议,涉及基地模式,寻找资金来源,寻求自然村进行集体经济合作洽谈等。其中,我主要想谈谈资金来源和合作洽谈两项,虽然我家里有专业的养殖技工,承十数载养殖经验,但是,作为一名学习中文的大学生村官,我也想用我的文字为我的创业致富道路尽一份绵薄之力。

资金来源:关于资金来源方面,是我最为懊恼的方面,原因很简单,刚刚大学毕业,没有钱。我尝试了很多种方式,由镇党委协调到团市委城市青年部询问了关于大学生创业贴息贷款事宜。由于我是吉林市首例大学生村官创业的事例,团市委也很重视,当即告诉我与吉林银行合作的关于贴息贷款的诸多事项,并要求我填写了一张青年贷款的表格。在村镇区三级团领导部门的认可之下,我来到了吉林银行,很遗憾,贷款要求抵押。如果我想贷款30万元,那么则需要近50万元的房屋抵押,试问,如果一个刚毕业的大学生村官拥有50万元的住房,我还需要创业吗?另外,银行方面表明,贷款必须实体存在,并且公司成功经营半年以上才可以申请。于是,我知道这条路行不通,随后,我又找到人力资源局。找到局长进行了交谈,局长对于我的想法给予了相当的肯定。但同样,我从局长那里得知,也只有公司经营了半年以上,并且员工需拥有就业事业登记证明,则可以申请每人10万元,上限100万元的贴息贷款。很明显,这条路仍然不行。后来,我又找到担保公司,还是行不通,我又几乎跑遍了吉林市大大小小的银行,原因各异,在此就不一一说明了。最后我甚至想到了小额无抵押贷款的办法,但是在咨询之下,了解到利息高得惊人,便打消了念头。最终,"走投无路",只好和亲戚朋友借钱,凑到了近30万元,作为我的启动资金。

合作洽谈:在镇长亲自陪同下,我考察了许多场地,准备和集体经济合作，这样可以更为迅速地进入发展集体经济的道路上来，可是因为养殖环境不行或者洽谈不和谐，导致最后只能租用一农户的场地近1000平方米的建设场房，现已建设完毕，"十一"采购牲畜。

很荣幸，在8月，我作为吉林省19名大学生村官代表之一赶赴北京参加了全国大学生村官培训。在培训过程中，我学习到了很多知识，这次培训的主要内容就是关于创业方面的知识，并且我也很荣幸结识了很多中组部和农业部的领导和老师。在了解了我的创业经历之后，领导和老师也为我规划了创业道路和相关办法，我一一进行了记录并互相留下了联系方式。在与其他省大学生村官进行创业交流时，我发现东北三省中辽宁省和黑龙江省都存在相当多的创业先锋，并且黑龙江省成立了大学生村官协会，成功地促成了一个园区的创业项目和建设，这令我省大学生村官十分惊讶。在与我省赶赴培训的其他大学生村官进行交流的时候，我就一直在强调，为什么其他省可以做到，我们就做不到，我想只要我们肯动脑，肯努力，肯坚持下去，我们照样可以，并且我相信我们一定会做得更好，因为我省的村官同志们普遍都十分务实肯干。其他村官也纷纷表示同意，同时，我们也进行了创业方面的交流。其中有，通化地区大学生村官创业项目——林蛙养殖、延边地区大学生村官创业项目——蜂蜜等。在我们心里一直存在一个梦想，那就是在广阔的农村土地上闯出一片天地，让自己尽到一个大学生村官的责任，带领农民也许说不上是脱贫致富奔小康，但是，通过不懈努力，一定要看到致富的希望！我们互相帮助，互相获取创业知识和经验，并一一记录下来。我相信，在不久的将来，我们一定可以走出一条全新的创业模式、联合的创业道路！

至此，距离我提交企划书已经近半年的时间，我的养殖基地已经完成，"十一"正式启动。在建设基地的同时，周边农民已经有许多人过来询问和表明态度。我也表明我将采取无偿指导，采取预付部分资金的形式带领村民共同走上创业的道路。同时，我想可以带动农村剩余劳动力，为农民提供更多的生活保障。

公司选址龙潭区江密峰镇东三家子村一社，初期采购羊150只左右，计划两年左右达到近500只，如果有更多农民加入，公司将初步计划养成牲畜2000只左右，并伴随资金的增长选址建立厂房进行牛羊肉深加工，创立属于农民自己的品牌。并且在ISO认证方面也可以得到中央领导的大力帮助，我要把我在北京学习到的"创意农业""我为自己代言"等许多创业知识实际运用到我们农民自己的事业中去。我想，在上级领导的大力支持和鼓励下，我们的事业一定会蒸蒸日上，我们一定会建设社会主义新农村，为发展农村集体经济贡献出自己的一份力量！

感谢领导的关注和支持，同时也希望上级领导能更多地给予政策性和实质性的支持和帮助，以助企业更快、更好地发展起来。我坚信，作为吉林市首例大学生村官创业事例的塞特牧业一定会为吉林市增光添彩！

（吉林省高等学校毕业生就业指导中心供稿）

一年支教青春,一生志愿情怀

——长春中医药大学荀觅事迹

荀觅,女,中共党员,1992年6月出生,2011年9月考入长春中医药大学人文管理学院,现为长春中医药大学管理学院2016级社会发展与管理药学专业硕士研究生。

本科期间,她刻苦钻研,在专业学习上取得了优秀的成绩。在工作中,她始终担任班级团支部书记,积极进取,脚踏实地。她关心集体,乐于助人,在多次团日活动中,带领同学们积极参加志愿服务活动。她逐渐对志愿者的身份产生了无比崇敬之情,也萌发了她回报社会的希望之情。在毕业那年,她作为学校第17届研究生支教团的团长,赴延边朝鲜族自治州和龙市福洞镇民光学校开展了为期一年的支教工作。在西部计划志愿者绩效考核中,她荣获"2016年大学生志愿服务西部计划优秀个人"荣誉称号;在2016年第十一届青年志愿者优秀个人评比中,获得"全国优秀志愿者"荣誉称号。

一、从一名大学生,到一名志愿者

从一名团干部,成为一名学生党员,政治上的成熟,使她对自己的人生价值有了更深层次的理解,在思想上更加清楚自己所肩负的沉重的人生使命。作为一名21世纪的进步大学生,她有责任更有义务贡献她的力量,奉献她的青春。

她懂得，作为一名大学生既要仰望星空，又要脚踏实地，如何将"为人民服务"落到实处，引发了她深入的思考。她参加学院开展的系列志愿服务活动，这成为她服务社会的着眼点，她倾注了自己的全部热情，即使是一桩小事，也义不容辞。她回顾这几年来的志愿服务工作，在辛劳之后浸着汗水的幸福感油然而生，笑容不由自主地爬上了脸颊，那种感觉是充实、是欣慰、是难以言喻的满足。

她不知疲倦地热心志愿服务和公益事业，也在潜移默化中培养了敬业精神和奉献意识。自加入志愿者行列以来，她努力践行"奉献、友爱、互助、进步"的志愿者精神，勤勉好学、爱岗敬业、默默耕耘、无私奉献，认真履行岗位职责，注重个人能力培养，满怀热忱地投身青年志愿服务活动中，较好地完成了各项工作任务。

她与其他高校的研究生支教团团长共同来到井冈山教育基地，参加为期四天的专题思想教育。她高度重视，把此次培训作为自己真正加入志愿者行列的有利契机。在培训中，很多经历丰富的志愿者前辈讲述了自己的志愿人生，使她感触颇深，多次热泪盈眶，当时她就下定决心，一定要成为一名优秀的志愿者，坚持自己热爱的志愿服务事业，永不放弃。

她还参加了吉林省西部计划志愿者培训班，成为第 107 号"吉青小玉米"，肩负起自己执着追求的志愿者事业。她带着无比的热情和对志愿服务事业的情怀寄托，投身教育事业。

二、怀一颗赤子心，做一颗启明星

2015 年 8 月，她来到延边朝鲜族自治州和龙市福洞镇民光学校，开始为期一年的支教工作。这是一所大山里的学校，孩子们几乎都是留守儿童，他们天真淳朴，可爱简单，渴望知识。根据学校的安排，她负责孩子们的英语教学以及第二课堂舞蹈教学。

小学是学生各方面学习发展的启蒙阶段，是良好学习习惯的重要培养阶段，面对一个个娇嫩的花朵，她深感肩上责任的重大，不敢有一丝的懈怠。她加强备课，准备多种教学方案；她搜集各种学生感兴趣的知识，努力做到寓教于乐；她还注意观察孩子们的反应，和孩子们交流学习心得，不断改进教学手段。和大学教师相比，小学教师课时多，工作量大而杂，使她深深体会到作为一名小学教师的不易之处。由于孩子们从小居住在大山深处，与外界联系较少，许多事物接受起来比较困难，这也增加了教学的难度。虽然有诸多的困难与不适应，但她深信"世上无难事，只怕有心人"，困难只会让人变得更坚强、更智慧。

除此之外，她利用自己的舞蹈特长，教孩子们学习舞蹈，伴随着轻柔的舞蹈，孩子们的身心逐渐放松，脸上开始洋溢着阳光的笑容。通过这些课外活动，不仅增长了孩子们的科学文化知识，还可以让孩子们的心灵一同成长。更让人激动的是，她带着孩子们参加市里的舞蹈比赛，取得了优秀的成绩，当看到孩子们灿烂的笑容，她的心中无比喜悦与自豪。

三、用一次支教行，报一生志愿情

在支教期间，她们以长春中医药大学研究生支教团的名义为一名血管瘤孩子进行捐款，也多次在服务地开展志愿服务活动。一年来，她不忘初心，努力坚持自己的教育信念。尽管支教路上遇到了许多困难，但她依然风雨无阻，严格要求自己，坚持支教工作的那份执着，用行动战胜自我，从容地面对困难，战胜困难。

如今，她的支教工作已经结束，在上级团组织的联络下，她继续在团省委志工部长期为志愿活动中的志愿者们进行服装定制工作，也负责西部计划志愿者的社保医保落实工作。同时，作为吉林青年志愿者协会的会员，她悉心志愿服务事业，曾参加20余项公益活动，参与其中的策划、准备、领导工作，受到广大志愿者和上级领导的广泛好评。

她担任了长春心律志愿者协会支教团团长，响应长春市教育局"蓓蕾计划"的号召，以服务学生、家庭和社会为宗旨，集结、整合学校、家庭、社会资源，开展"三点半课堂"活动，帮助更多留守儿童，在公益事业上永不停歇。

一日志愿者，一生志愿情。志愿服务的锤炼与鞭策，是对她的肯定与信任，更是她宝贵的人生财富；她收获的不仅是个人的成绩，还有难觅的良师益友。她将以一颗炽热的心，带领更多的人，参与到志愿服务工作中，做一名优秀的志愿者，做一名志愿服务工作的领路人，做一块公益事业发展的铺路石，在服务社会的道路上做出更大的贡献。

（吉林省高等学校毕业生就业指导中心供稿）

黑龙江

在希望的田野上绽放如歌的青春

——黑龙江八一农垦大学陈进事迹

陈进，男，汉族，福建莆田人，生于1990年10月，2013年毕业于黑龙江八一农垦大学通信工程专业。2013年8月～2015年7月任莆田市荔城区西天尾镇后黄村的大学生村官，于2015年8月考录为福建省2015届党政类选调生，现为莆田市荔城区西天尾镇人民政府党政办科员。大学毕业后，他怀着青春的梦想，来到素有"荔城区华侨第一村"美誉的后黄村担任党支部书记助理一职。

后黄村是"全国美丽乡村"，全村方圆约1.5平方公里，辖6个村民小组，254户，村民联户代表36人，人口1010人。现有村"两委"干部5人，党员87人，其中预备党员3人。陈进在村任职期间，作为莆田市首批"美丽莆田·幸福家园"示范村，先后被授予"全国妇联基层党组织建设示范村""全国文明村""福建省生态文化村""省级先进基层党组织""市级村务公开示范点"等多项荣誉称号。通过两年来的村官生涯，他感触良多，深深感受到农村是发挥光和热的最佳场所，并对这片土地充满了深深的爱。

一、选择：做一名"接地气"的大学生村官

有首歌儿唱得好："毛主席教导我们说，知识青年到农村去，毛主席还教导我们说接受贫下中农的再教育……"农村是个广阔的田地，初到后黄村，陈进受到当地村干部和村民的热情接待和大力支持，为后黄村的幸福家园建设注入了新鲜血液，很快就融入后黄村的集体当中。村里推选陈进担任后黄村团支部副书记兼任荔城区志愿者服务站站长。作为一名刚毕业的大学生，他深知自己应该放下"大学生"的身份，摆正心态，继续当好"学生"，完成从象牙塔到社会大课堂的角色转变；从身边的一点一滴做起，才能真正成为群众的好朋友，真正无愧于心。

二、适应：做一名"通民气"的大学生村官

农村的工作千头万绪，为了更好地融入，作为一名新人，作为后黄村团支

部副书记,他积极配合村党支部和团支部,做到多听、多看、多学。每天坚持写工作笔记,将后黄村的大小事和自己所经历的事情与感悟一并记录。他通过协助开展村务公开等工作多方面途径了解后黄村发展的"前因后果",结合党的群众路线教育实践活动、"两学一做"等教育活动,以"土地确权"试点摸底调查工作为契机,了解村里的群众信息,建立村团支部团员档案,给团员设岗定责,让年轻团员上岗,发挥他们的特长,以评星活动让团员实现自身价值,为后续工作做好必要的"预习"准备,为自己做好农村工作打下基础。后黄村作为一个刚起步的乡村旅游生态村,各项工作虽然紧锣密鼓地进行,但由于时间紧迫,缺乏规范的指导和专业人士的牵引,有些工作进度缓慢,为此,他积极翻阅新农村建设的各类书籍,利用节假日走访村民代表和党员,聆听他们的新农村建设想法和建议,号召大家积极为自己的村庄发展建设出谋划策。通过深入挖掘本土地缘优势,经过几年的发展,后黄村已经发展成具有南洋文化的乡村旅游景点,并于2015年12月通过国家3A级旅游景区的验收,截至目前,已经有200万左右人次的游客游览量。在他任职的两年时间里,和村干部一起策划,成功举办过民俗文化节、风车节、油伞风铃节等大型活动,吸引游客来到后黄,深入了解后黄的乡村游的发展理念,把后黄的乡村旅游这张名牌越做越大!

作为荔城区志愿者服务站站长,时刻不忘志愿服务的意识。为了更好地践行"奉献、友爱、互助、进步"的服务宗旨,他利用周末和晚上驻村的时间入户,得知村里的单亲家庭8岁儿童许家晖,因母亲患病去世,家里只依靠父亲打工维持生计。了解到这一情况,他就利用晚上和周末的时间帮助许家晖辅导功课,整理家务,如今,小家伙已成为他的好伙伴。村里的许肇辉因资金欠缺导致自己的创业道路一度受阻,得知该情况,协助一起办理"助青贷",为其打通了创业"绿色通道"。

汪国真在诗中这样写道:"如果远方呼唤我,我就走向远方;如果大山召唤我,我就走向大山;如果群众需要我,我更将全身心地投入到为人民服务的行列中去。因为我们是青年,我情愿点燃这青春,让他在光与热中燃烧,让这瞬间的明亮在奉献中永恒!"为了进一步落实好志愿服务"义工"的工作情况,他因地制宜地利用莆田十五中的资源,招募志愿者,开展志愿培训,大力开展志愿服务,后黄村团支部被团省委评委"五四红旗团支部"。借助后黄户外拓展基地为平台,积极组织年轻人参加户外拓展运动。其中,登山协会十周年户外活动,有近700人参加,他号召志愿者为此次活动做好志愿服务工作,展现了"来之能战,战之能胜"的优秀志愿者形象。通过举办猜谜找景点活动,让许多游客熟悉后黄、了解后黄,同时也为后黄的乡村旅游建设搭建对外传播的桥梁。每逢周末,为游客当起"乡村导游",把后黄的名声宣传出去,树立乡村旅游的品牌。两年的村官生活刻骨铭心,他对村民掏心掏肺,村民也对他笑脸相迎,每天都有大哥大嫂邀请他到他们家吃便饭,"阿进、阿进"的昵称让他感到后黄村民的淳朴和善良,他为自己能在人生的第一站来到后黄村而感到荣幸!

三、发展:做一名"有骨气"的大学生村官

　　作为一名村官,不仅要做好村支部的得力助手,更要帮助村民走上致富的道路。现在的后黄村正处于乡村旅游开发的发展阶段,加之现在的采摘园项目属于一个特色品牌,他提议以合作社的形式经营运作,通过土地流转,带领群众参股合资,盘活土地资源,保障合作社的经济效益,做足做好生态农业、特色农业文章。由于对土壤不熟悉,村里的农作物一直无法丰产,他通过与大学老师沟通,为村里农民提供技术指导。利用在大学的人脉关系,他找到查哈阳农场的新型蔬菜和水果品种试种,结合后黄村实际的情况需要。其中"贼不偷"圣女果深受游客好评,带来了较好的收益。为了拓宽绿色产品销售渠道,打通产销结合的渠道,做好"农超对接",促进合作社增产增收,为后黄村的村民带动就业,提高收入。对他个人来说,也实现在自己的岗位上创业,真正成为"富民工程"的带头人。

　　虽然他的村官聘期就两年时间,但是在他即将结束村官生活的时候,他主动提出继续留任村里,村官选调是一家,都是要抓住基层锻炼的宝贵时光,踏踏实实为民办好事办实事。为了不忘给自己充电,他还考取了2017年华侨大学MPA专业。不断努力的他认为只有这样才能在以后的道路中,迈出更加坚

实的脚步,不忘初心一直前行!

"接地气"才能"有底气","通民气"才能"有勇气","有骨气"才能"立天地"!陈进凭着一颗坚强向上的心,一种勇敢无畏的精神,一股火一样的热情,以勇于创新、兢兢业业的作风,以昂扬的斗志谱写他如歌的青春,以自己的奋斗行动铺就他绚丽多姿的基层之路。

培训情况:

2014年6月参加中组部、农业部联合举办的大学生村官培训班(华西村基地班);

2015年7月应邀参加"第九届全国大学生村官论坛暨全国村长论坛";

2015年8月参加全省2015届党政类选调生初任培训班;

2015年10月参加莆田市荔城区委党校2015年干部能力素质提高培训班;

2015年11月参加2015全省村级文化协管员培训班;

2015.9~2016.7参加福建省社区工作者岗位资格培训班。

奖惩情况:

2014年获得"2013年度莆田市优秀共青团员"荣誉称号;

2014年获得"2013年度优秀共产党员"荣誉称号;

2015年获得"干部能力素质提高班优秀学员"荣誉称号;

2015年获得"2015届党政类选调生初任培训班优秀学员"荣誉称号。

(黑龙江省大中专毕业生就业指导中心供稿)

聚才智播撒芬芳，汇爱心筑梦远航

——黑龙江大学刘硕事迹

"奔赴西部，三尺讲台，用知识托起青春梦想；助人为乐，爱洒山城，用奉献点亮精彩人生"。她叫刘硕，是黑龙江大学研究生学院的一名学生，现任院学生团委副书记、院年级管理委员会主席、院青年志愿者协会副秘书长。本科期间，她先后担任学院学生会副主席、院2011级团总支书记、校"青马工程"首期"向日葵"大学生骨干培训班党支部副书记、校团委组织部副部长、校第三届研究生支教团团长等职务。

一、无悔梦归处，四年不匆匆

大学期间，学习上她勤奋刻苦，本科阶段连续三年获校一等奖学金，荣获黑龙江省"三好学生"、校园"最佳学生工作"奖、校"优秀共产党员"、校"优秀毕业生"、校"优秀学生干部"等荣誉称号。活动中，她积极参与，表现突出，多次担任校级、院级文体学术活动主持人，曾获黑龙江省"我的中国梦"主题演讲比赛一等奖、校第六届职业生涯发展规划大赛一等奖。

在工作中，她稳中求变，大胆创新，四年来累计开展各类校级、院级大型活动90余场，并多次赴肇东市雷锋小学、哈尔滨市农民工子弟小学、宝泉岭共青农场、富裕县等地开展义务支教及社会实践活动。

二、寿桥初见，走进孩子内心世界

2015年大学毕业后，她以全校总分第一的优异成绩，考入研究生支教团，横跨大半个中国，开启了支教旅程。"支教是一场跌跌撞撞的旅行，却拥有后知后觉的美丽"，这是刘硕在"支教手记"里写过的一句话，她用一年的时间书写了一份平凡中的感动。

从东北到西南，从城市到乡村，改变的不只是生活地点，要适应的也不只是当地的风土人情。翻开孩子的日记本，常常会看到"爸爸妈妈，我想你们回家""真想让爸爸像小时候一样陪我做游戏""好想让妈妈给我讲故事"等话语，还有一些性格孤僻，行为举止怪异的孩子，更是成为困扰她的最大"心病"。

在经过了大量调查和实地家访后，她提出了"四个一"的想法，先后启动了一个"潼心圆"关爱留守儿童特色项目、组建了一支由"镇乡团干部＋西部计划志愿者＋村舍有特长义工"构成的"成长导师"志愿服务队、创办了一个集现场与远程于一体的"梦想课堂"、建立了一个"红领巾"青少年素质拓展训练基地。此后，"伴孩子成长，圆孩子梦想"不再是口号，带他们看看外面的世界也不再是幻想。

三、播撒爱心，静候向阳花开

在一次"星语心愿"征集活动中，当其他的孩子说想要滑板车、画板等礼物时，一张来自学生"悦悦"的纸条上写着："我想给奶奶过一次生日"。后来，刘硕了解到，原来这个孩子很小就没有了妈妈，爸爸常年在广东打工，与体弱多病的奶奶相依为命，平时靠卖自家园子的菜维持基本生活，家境十分贫困。

于是，她决定用"静悄悄的爱"为孩子送去温暖，在四点半梦想课堂，她利用放学后时间为孩子们辅导功课，开展"四心"小活动，心意相通、心手相牵、心幕影像、心语心愿四个特色活动，依次通过给父母写信、开展素拓训练，拍摄成长照片，实现微心愿的形式，增进了孩子与父母的交流沟通；在假期梦想课堂里，她结合自身特长，举办微笑手工坊趣味剪纸课、活力青春舞蹈课、亲子乐融融体验课、我是演说家口才班、笑眼看世界绘画班等，极大地丰富了孩子们的课余生活。

渐渐地，悦悦变得开朗了，她们成为最亲密的朋友。在孩子奶奶生日当天，刘硕送去了生日蛋糕和祝福卡片，与孩子一起表演了原创情景剧等节目。看着老人家脸上洋溢的笑容，听着老人发自内心的赞许，一种"予人玫瑰，手有余香"的幸福感涌上心头。最让她感动的是孩子给她写信说:"谢谢硕硕姐姐,我会做自己的'向阳花',勇敢地朝着太阳的方向奔跑。"

那一天,她在日记中写下:"如果可以永远守候,我愿一直陪伴你左右,紧握的双手,亦师也亦友。感谢缘分,让我与这些含苞待放的花朵相识,我愿做他们心中的阳光,温暖童心,静候花开。"

2015年12月,她带领学生参加了重庆市第二届"梦想100"人生规划大赛,并获得了一等奖。学生悦悦还获得了2016年重庆市"十佳孝心少年"荣誉称号,作为全区唯一获奖者到重庆参加颁奖典礼。

四、"互联网+",点燃"再就业"希望

在"1+1情系寿桥,温暖你我"双十一暖冬行动中,她用自己的生活补贴,为贫困孩子和孤寡老人购买了棉鞋、帽子、手套、水杯等暖冬用品,"爱心女孩"的称呼在小镇传开。

后来,村上的留守妇女主动找上门,申请做贫困孩子的"爱心妈妈"。在短短一个月的时间里,就有28名妇女与贫困儿童签订了"四个一"的"潼心圆"幸福契约,她们承诺每周与孩子通一次话,每月与孩子见一次面,每半年带孩子参加一次市民学校亲子活动,每年给孩子织一件毛衣。

活动中,她听说了三教村的癌症患者"熊姐"的故事,决心为这些留守妇女做点什么。于是,她结合熊姐擅长编织的特长,将4个村里的56名留守妇女召集起来,组建了"代加工"编织服务队。不仅为她们下载了编织课程视频,邀请专业老师培训,还利用微信平台进行销售,让妇女们足不出户实现了"再就业"。

在她的影响带动下,熊姐开始义务给贫困儿童编织暖冬物品,获得了重庆市"最美编织义工""重庆好人""最美家庭"等殊荣。村妇女主任王姐也在她的帮助下,参加了区第三届"梦想100"人生规划大赛,并获得了二等奖的好成绩。

一年来,她带领志愿服务队围绕"潼心圆"项目的"三型"活动,先后开展"关爱型"活动15次;为孩子制定个性化"辅导型"课程75次;在重大节日组织"互动型"活动20场,累计受益1200余人,志愿服务时长达1800余小时。此外,由她创作的"留下希望,守住幸福"沙画、"市民学校宣传单""潼心·圆梦"简报、"益路同行"H5等多项创意产品,在全区各市民学校进行推广。"潼心圆"项目也先后获得潼南区十佳项目、重庆市项目大赛

金奖、全国项目大赛铜奖。

由她撰写的支教团活动新闻先后10余次受到中国青年网的报道,中国文明网、西部计划网、华龙网、重庆日报等媒体相继发表题为《志愿者刘硕:做一朵盛开在巴渝大地的山茶花》《用最美的青春陪伴孩子成长》《东北"学霸"来渝支教,建议"志愿者+义工"人才模式》等文章,潼南区电视台还用了一个月的时间为她拍摄制作了专题片《"师"从远方来》,并在重庆电视台播出。重庆好人、重庆市优秀西部计划志愿者、潼南区优秀志愿者等诸多殊荣更是对她勤恳付出的高度肯定。

五、勿忘支教初心,方得前行始终

2017年1月,她利用寒假再次返回支教地,随潼南团区委赴塘坝小学、民生小学开展"冬日阳光,温暖你我"新春关爱行动,先后为千余名孩子送去爱心礼包,带领孩子们开展"素质拓展训练"活动。

腊月二十三"小年夜"这一天,她为寿桥镇染房村的40余名"三留守"人员准备了院坝团圆饭,教村民和孩子们包东北特色饺子,带领志愿者们走街串巷,用了一周多的时间,帮助175户村民拍摄了"全家福",人民网、华龙网对他们的活动进行了报道。

同年2月,她跟随研究生学院青年志愿者协会支教队,远赴广西贺州水口镇初级中学进行为期半个多月的支教活动。包括带队老师在内的14名队员承担起了全校10个班级、400余名学生的教学任务,"不忘初心跟党走"新团员标准化入团仪式、"与人生对话"励志讲座、黑大水口"两地一家人"联欢会、"水口中学之声"广播站揭牌仪式。作为活动策划和主持人的她,最忙的时候一天要工作十七八个小时,在忙并快乐的生活中,收获着一份付出后才能体会到的温暖与感动。

一年支教行,一生志愿情。她用最美的青春陪伴孩子成长,把最好的年华投入到志愿服务事业中,完成了"用生命感动生命"的初心。相信她会带着这份"爱的力量"行走在今后的人生路上。

(黑龙江省大中专毕业生就业指导中心供稿)

青春无悔步履不停，志愿奉献基层精英

——黑龙江大学杨译迪事迹

志愿服务这四个字是杨译迪从本科到研究生整整 8 年时间的坚持，更是从重庆到哈尔滨 3000 公里距离始终的坚守。

一、寄梦志愿，点饰青春

本科期间杨译迪多次参与"三下乡"、支教、普法宣传、义务献血等志愿服务活动。大四学年，她更希望到需要她的地方历练自己，她放弃了直接优保的机会，参选了黑龙江大学首届研究生支教团继续她的志愿服务事业。2013年 8 月她作为黑龙江大学首届研究生支教团团长远赴重庆市潼南区寿桥镇寿桥小学开始了为期一年的支教。

她成为寿桥小学唯一一个学过英语的老师，所以由她负责三年级的英语教学工作。重庆山区的习惯发音和孩子们对英语完全的陌生给她的教学工作造成了巨大的困扰，她主动要求给班级的孩子加课学习音标，当孩子们能标准地第一次说出"Miss Yang"的时候，她第一次感受到了作为一个老师的成就感，正是这份成就感坚定了她为孩子们带去很多知识和希望的信念。

在实际的教学中，她想给孩子们提供一个更好的英语学习环境，因此萌生了创建黑龙江大学英语教学实验基地的想法。最终由黑龙江大学出资购置了 25 套桌椅、近千元少儿英语书籍、数百本英语练习本等教学用品。杨译迪利用此基地不断研磨更为适用的教学方式，为学生创造更好的英语学习平台。

作为黑龙江大学研究生支教团的团长，杨译迪立足本地带领团员开展丰富的志愿活动。其中包括寿桥小学开学第一课——法制安全教育课、看望身患绝症仍坚守教育一线的教师楷模陈瑜老师、中秋节慰问敬老院老人、"冬日暖阳亲情联通"关爱留守儿童、寿桥小学亲子运动会、陪留守儿童过大年、雷锋主题宣讲课、我是母亲河小小守卫者、"家访月""读书月"以及母亲节、端午节、父亲节主题系列活动等共计 40 余次志愿服务活动，在服务地取得了良好的口碑。

二、筑梦他乡,投身奉献

在完成本职的教学工作以外,杨译迪同学根据服务地的实际情况,积极响应团市委的号召,主动找领导争取,领创建潼南县寿桥镇染房村市民学校。作为染房村市民学校的首位驻校志愿者,作为染房村市民学校的主要开创者,其中的每一个部分都凝聚着她的心血与汗水。大到市民学校桌椅、黑板的采购、课程的设置,小到教室墙面的装饰、每一张课表打印,杨译迪同学都亲力亲为、事无巨细。染房村市民学校开课后,课程逐渐受到了当地群众的认可,教室里常常座无虚席,杨译迪用自己的努力为他们带去了温暖和关怀。

留守儿童的快乐成长课堂给孩子们带去了更丰富的知识,待业青年的致富经课堂给他们带去了创业的机会,空巢老人的夕阳红课堂和留守妇女的半边天课堂让他们原本单一的生活更加丰富,更给了所有空巢老人和留守妇女走出家门相互分享生活的机会。

市民学校还成立了留守儿童合唱团和炫舞团,在父亲节的时候电视台拍摄了孩子们跳舞的视频邮寄给他们在外打工的父亲,这对孩子们的爸爸来说是多么珍贵的节日礼物!

合唱团的代表吕桂花更是用她为潼南改编的歌曲《种花儿的花儿》荣获了中国梦少年强大赛潼南赛区第一名,并代表潼南到重庆主城参加全市比赛。全市总决赛进行的时候,杨译迪的服务期已经结束,但是因为桂华的父母都在外地,家中只有年迈的婆婆,她选择留下来带桂华去重庆主城。服务期结束她已经没有了国家下发的生活补助,杨译迪就用她之前的存款和本来打算假期旅游的钱买了去主城的车票和桂华的演出服,两个人只能挤住在女生床位房的一个床位,但她觉得她一定要带桂华去感受一下,去看看外面的世界。

杨译迪同学所撰写的"四个四"工作经验被周波书记亲笔批示并在全市

进行推广，染房村市民学校更是被评为团中央先进示范点。团中央书记处常务书记、全国青联主席贺军科也亲赴市民学校进行调研，在高度评价的同时更是对杨译迪作为一名青年志愿者在祖国的基层磨炼自己的精神给予了极大的鼓励。

一次镇上的山上发生火灾的时候，她第一时间冲到了打火的第一线救火。平时对她来说十分难走的山路在那一刻变得稀松平常，问她当时的想法，她说其实也没有多想，就是觉得该去做就去做了。

在期末考试前，她对孩子们说英语考试的第一名可以实现其一个愿望。有的学生说，自己的愿望是能够考一次100分，因为上一次考到100分的时候他的妈妈回来看他了。有的学生说，自己的愿望就是能吃口蛋糕，因为他从来都不知道蛋糕是什么味道。最后陈树婷考到了第一名，她说："我跟妹妹从来都没有去过重庆主城，我们好想去主城亲眼看看大熊猫。"去动物园的那一天，她们两个特别兴奋，看到大熊猫的时候，她们开心地跳起来，挥着手跟大熊猫打招呼。那时的场景让杨译迪为之深深触动，她多么希望能够实现所有学生的心愿啊！正是这些场景，让她意识到，自己需要做的还有太多。

那一年里，她的生活有很多艰辛与不易，包括跟老鼠蜘蛛"同居"、寝室电线老化自燃引发的火灾、夏天各种蚊虫的戏谑等，这一切都是让她始料未及。因为水土不服，2013年的冬天杨译迪得了严重的肺炎，每天都要输液，右手背打肿了换左手背，左手背打肿了再换左脚背、右脚背，最后杨译迪的双手和双脚都布满了针头。因为临近期末，为了不影响孩子们学习，她毅然选择回校复课。复课的那天孩子们早早就跑到她住的地方喊她的名字说要送她上课，当她走进教室的时候孩子们都跑出来簇拥着她，还把自己舍不得吃的橘子送给她，那一刻她说她觉得所有的坚持都是值得的，她的孩子们需要她，她的孩子们真的爱她，她是幸福的。

三、圆梦远方，不忘初心

回到学校，很多身边的同学听到她曾经支教的经历都表示对于支教生活的意愿。她想她应该把志愿服务的精神传递下去，带动更多的同学给那些山里的孩子带去希望。她创建了黑龙江大学第一个全部由研究生组成的支教团"蝶翼"。

2016年寒假和暑假，杨译迪带着"蝶翼"的成员们来到了一个更为需要他们的地方——一个只有一个老师和八个学生的学校——高庙村小学。她带领团员们在这所小学开展了各类课程，激发了孩子们对知识的兴趣和对外面世界的向往。她还将操场旗杆上严重残破褪色的五星红旗换下，举办了一次小型却庄严的升旗仪式，让孩子们铭记爱国精神。还发起了新年心愿认领、新年新衣计划和牛奶计划，让孩子们都过了一个美好的新年。

她还带领院青协开展了"爱心种子义卖""爱的奶瓶"等一系列志愿服务活动为山区的孩子募集善款，为他们增添了物资。让那里的孩子们跟重庆主城的小朋友一样可以每天都喝到一袋牛奶，在那个似乎被人们所遗忘的角落会有杨译迪同她的志愿服务精神的传承者不断延续下去的温暖与关怀。"蝶翼"支教团荣获了多项省市级志愿服务大奖。

每次"蝶翼"的行程结束，她会回到寿桥看自己曾经的学生，当她再一次走进她熟悉的教室时，学生们高喊欢迎杨老师回家，学生跑过来簇拥着她，对她说还记得她曾经说的话，说自己很想念杨老师，那一刻她再次微笑着流下了幸福的泪水。

杨译迪同学还荣获了"中国大学生年度人物"入围奖、黑龙江省高校优秀共产党员、重庆市优秀青年志愿者、重庆市西部计划优秀等次志愿者、"锋尚黑大"人物、"校园最佳——最佳道德风尚奖""芙蓉学子·公益行动奖"等荣誉称号。

更让她无比激动的是，2017年3月，黑龙江大学研究生支教团被中宣部命名为全国学雷锋活动示范点。这是在她工作的奠基下一代代黑大研支团人的传承和付出的结果。

8年的时间有多长，3000公里的距离有多远，杨译迪用实际行动把自己的青春和热血奉献给了志愿服务事业，始终初心不忘践行着雷锋精神，并率身垂范影响身边的人。她是一名合格的青年志愿者，是一名当代大学生的学习楷模。

（黑龙江省大中专毕业生就业指导中心供稿）

江　苏

去最艰苦的地方,做最需要的事

——南京大学林思宇事迹

耶鲁村官秦玥飞的故事感动着你我,其实在我们身边,和他一样选择扎根基层、选择回到农村的青年人还有很多。在殿堂和田垄之间,他们选择了后者。脚踏泥泞,俯首躬行,在荆棘和贫穷中拓荒,洒下青春的汗水,埋下理想的种子。

林思宇,南大基层研究会创始人之一,理论经济学专业2016届博士研究生。

"给老百姓做工作你不能谈凯恩斯,不能谈亚当·斯密,你要学会实实在在地讲接地气的话,讲老百姓听得懂、愿意听的话。"

——2016届贵州定向选调生 林思宇

2016年,林思宇博士毕业,秉持着自己贡献社会、贡献国家和民族的人生信念,他成为一名贵州定向选调生,就职于贵阳市委组织部,目前主要负责农村的扶贫工作。用他自己的话说就是"弃学弃商,不远千里来到扶贫一线,我的立场就是党和人民的利益第一,这是我的选择,不用犹豫,更不能犹豫"。今天,我们有幸采访到了百忙之中的林思宇学长,听他分享职业选择的点点滴滴,听他讲述基层工作的酸甜苦辣,听他畅聊未来的工作规划。

一、人生理想,家国情怀

关于毕业后的职业选择,林思宇学长的回答坚定而坦然。从本科到博士,读书十载,大江南北,海内海外,其实他的心中早已写好了答案——选择选调生,选择到西部,到扶贫一线参加工作。他说,一个人,尤其是一个受过高等教育的人,如果在性格成型以后树立了比较明确的理想信念,那么理当按照自己的理想和偏好选择自己的职业，如果仅仅是为了糊口而去从事一项工作，那回首一生怎能不觉遗憾？因而他毫不犹豫地追随了自己的理想信念，选择了贵州，选择了经济欠发达地区，选择了这个我们国家贫困人口最多的省份。"如果能够深入实际，找到贵州发展的好思路、好办法，我认为这是自己知识和人生最好的归宿。"

同时他也谈到，在南大学习和生活的时光对自己的影响巨大，校训里讲的"励学敦行"的南大气质熏陶和重塑着他。他给我们讲了两个可以影响自己一生的小故事。"博二的时候，商学院的刘志彪教授曾给我们讲过为人做学术的态度，只有九个字'不为学、不为上、不为洋'，这句话至今让我受用，即使之后的工作不从事学术，这九个字也时常警醒我，保持独立思考，保持自己的信仰，保持客观冷静的态度。""还有我的导师黄繁华教授，毕业论文成文后，老师反复指导我修改，前前后后一共对论文进行了20次修改，过程当然是痛苦的，有时候甚至觉得自己撑不下去，毕竟十来万字的论文这样反复改动对人的意志和精力都是很大的挑战。但是当最终文稿成型，回头去看，才能深深感到老师严谨的学术作风，以及这种言传身教的良苦用心，我想这种'工匠精神'将会影响、伴随我一辈子的工作和生活。"

二、扎根基层，心系百姓

刚到贵州时，林思宇学长是在贵阳市委组织部研究室从事文稿工作。学长坦言，自己在高校待了10年，由于党政机关的政策、规定等都跟高校的体系有很大差异，所以从高校到政府部门的转变需要一定的适应过程。而这项工作恰好给他提供了一个打基础的机会，在研究室他可以接触到大量党的理论知识，对于党的根本、党的工作、党的制度、党的体系都有了更加深入的了解。他感慨道："在中国这个古老的国家，国家命运的成败，紧紧地维系在执政主体之上，办好中国事情，关键在党，所以对于党政理论知识的学习尤为关键。"

今年2月，林思宇学长服从组织安排，到贵州开阳县毛家院村开展扶贫工作。作为一个生在城市长在城市的人，这是他第一次有机会近距离看到中国贫困山村的模样。俗话说"万事开头难"，他的乡村之行一开始并不顺利，不是工作上，而是身体上。刚到乡村的第二个星期他身上就起了四十多个泡，晚上痒得睡不着觉。可他并不觉得苦，不把身体的不适应放心上，反而觉得心里和意志得到了满足，因为这正是他去贵州的真正目的——到最艰苦的地方去，到扶贫解困的一线去，看看那里是什么模样，想想未来的发展出路，好好验证自己的所学所知，尽自己的绵薄之力为当地老百姓办点实事。末了，他说："人生如此，夫复何求。"

"基层的真实面貌只有当你真正地住在这里，吃这里的菜，喝这里的水，和这里的人交朋友之后才能从内心深处有客观的了解。"谈到在基层的工作感悟，学长引用了陆游的一句诗，"纸上得来终觉浅，绝知此事要躬行"，实在恰当不过。学长告诉我们，山村的百姓淳朴可爱，走访每一户他们都会热情地跟你攀谈，挽留你在家吃饭，知无不言地讲出自己的想法。同时，这些百姓也是现实的，扶贫工作队带着扶贫项目来，如果不能给老百姓一个稳定可靠的收益，工作的开展就会受到质疑。这些工作都涉及一个方式和方法问题，给老百姓做工作你不能谈凯恩斯，不能谈亚当·斯密，你要学会实实在在地讲接地气的话，讲老百姓听得懂、愿意听的话，这些都是在高校里学不到的东西，这些工作的经历和方法是一辈子的财富。

谈到对未来工作的憧憬，林思宇学长早有规划。近期来说，他希望能够帮助毛家院村完成扶贫项目，理顺村集体公司长效化的扶贫机制、办法。长期来说，他希望能够留在基层，理论联系实际，为老百姓多做一些实实在在的工作。同时，在基层不断实践的过程中，他也在筹划写一本关于中国"乡村经济"的书，把自己的所见所闻以及所想所思进行一些整理，希望通过自己的实践把中国基层经济的运作模式和方式方法传达给更多有志于扶贫工作和基层经济建设的人们。

三、寄语学弟学妹

"每个人都有自己的路，每个人的模式都是不可复制的，因此我想给学弟学妹的建议只有一个模糊的概念，不会有具体的东西。我希望学弟学妹们能够在学习生活中找到自己的出发点，或者叫立场。在做每一件事情的时候，都要想清楚自己的立场，究竟是为了什么？值得不值得？是不是和自己的立场冲突？这种以立场为出发点的思考方式在今后大家参加工作以后可能会有更深入的体会，好比我现在是一名公务人员，如果有人要我去做一些损害老百姓利益的面子工程，我的立场是什么？是自己的前途？还是老百姓的利益？既然我弃学弃商，不远千里来到扶贫一线，我的立场就是党和人民的利益第一，这是我的选择，不用犹豫，更不能犹豫。身为一名南大人，如果连我们都没有立场，都不敢站在正确的立场上坚持原则，我们南大人百年来为国家和民族所做的贡献岂不是要被辱没？我们的国家和民族还会有希望吗？"

"这么大一片山村，我们要做的就是用脚步去丈量，用心去倾听百姓的要求，就是要甩开身份包袱，把自己转变成一名真正的村民，不这样又怎么能设身处地想出扶贫致富的好办法呢？"这是谈到在基层工作时，林思宇学长的肺腑之言，也是他在基层工作的写照。现在他住在村里，生活和工作早就融为一体。走家串户，翻山过河，带动百姓发展产业，指导参与村集体公司的建立和运作都是他每天的必修课，他乐在其中。正如他所说，谁说工作和生活一定要分开？

（江苏省高校招生就业指导服务中心供稿）

让青春之火在高原上燃烧

——江苏师范大学赵娜事迹

西藏,很多人对它的了解都是旅行者心中的圣土,撒贝宁口中的诗和远方,是中国地图上西边的那一大片版图;或者是"世界的屋脊""生命的禁区"这些让人心生畏惧的形容词。作为青年的我们,都曾对这片净土向往过、梦想过,渴望着有一天一定要踏上这方圣地。

赵娜,女,江苏师范大学语言科学与艺术学院2016届毕业生。2014年,这位姑娘,带着一份好奇、一张车票、一部相机和一个背包毅然决然来到了雪域高原,她爱上了蓝天白云,爱上了雪域雄鹰,爱上了这神奇的天上西藏。从此便有了余生居于此地的想法。也许是上天的眷顾,也许是内心的虔诚感动了上苍,2016年这位姑娘和一群青春洋溢的少年告别家乡,再次踏上了心中向往的那方净土。这一次,她将青春嫁到这里,把梦想的种子埋藏在高原,待到山花烂漫时,方是离别之日。

说到这里,她想问一句青春到底是什么?其实,每个人的青春都有不一样的诠释。军人的青春是捍卫边疆;教师的青春是桃李满天下;商人的青春则是富甲一方。而她的青春是爱上西藏、奉献西藏、扎根西藏,让青春像格桑花一样在高原上盛开。

爱上西藏,让梦想在雪域启程。人们从小就有各种梦想,想着长大后要成为什么样的人。来到西藏,也许不是自小就有的向往。有些人可能是喜欢诗和远方;有些人也许是想看最蓝的天和最白的云;有些人可能是想要为国家奉献自己的一生。不管他们都曾抱着什么样的目的,欢聚于此。此时的他们对自己的人生肯定有了新的定位,对自己的梦想有了新的计划,多年之后他们也许会成为一名伟大的领导者或者是被世人所敬仰的援藏志愿者。她认为目前所能做的就是好好学习,爱上这片土地,把梦想的种子撒播下去,从这里启程,让青春之花在高原萌芽。

奉献西藏,让青春在高原燃烧。她在想,我们是什么?我们来到这里要干什么?大家会异口同声回答"当然是基层公务员了,当然是为人民服务的啊",没错,我们是公务员,我们的职责是要为人民服务。大家可否还记得体检的时候单子上那显眼的"援藏"二字,所以我们还是志愿者,我们需要的是"奉献"。回想来到西藏的两年里,接受了各种培训,对西藏的人文、地理、政治文化都有所了解,但是这些都是书上和别人嘴里面的西藏,真正的西藏还是需要自己亲身去感受的。很巧的是,在刚到西藏的时候,组织上安排了10天的下乡实践,从这次的实践中,她学到了很多,也了解到了很多,对自己的工作也有了更深一层的认识。对工作中遇到的困难也不再那么畏惧了,相反有了一种更加淡定的态度。当然,也看到了很多同事发朋友圈,由一开始的种种吐槽到后来爱上了自己实践的地方,甚至不愿离去,她想这短短10天的变化就是一种升华,一种青春在燃烧。所以,不管我们以后在这里待5年或10年,甚至一辈子,都要时刻谨记"奉献人民,快乐自己;奉献祖国,幸福人生"的信条,让青春之花在这里盛开,沁香一片疆土。

扎根西藏,让人生在世界屋脊升华。人生总有那么一处定所,让你不再四处奔波。西藏——心中的天堂,也是要承载很多人一生的地方。翻开西藏历史的卷书,你会发现有那么多的伟人志士不仅仅将青春驻在了这里,也将自己的一生都奉献给了高原。开班典礼上的吴英杰书记,42年的光阴在这里悄悄溜过,而他还没有准备离去,还要在这片土地上常驻;国民战士郭毅力同志,因积劳成疾,突发心肌梗死,累倒在了自己的工作岗位上,把生命定格在了56个年轮,而他生命中的38个春秋都奉献给了西藏,38年呕心沥血为西藏的发展和建设奉献着自己,一生戎马,如高原雄鹰般坚强的意志撼动着万千西藏人民。

正是因为看到了前人无私的奉献,也让她在这里一直坚持着,在西藏工作的两年时间里,她想用"痛并快乐着"来形容,那时候她和别人一样认为公务员是一份很轻松、只需要读书看报喝喝茶地工作。记得刚走上工作岗位的时候,很是兴奋,接受各种新奇的东西,认识各种各样的人。可"好日子"不长,去年的8~10月,在中央环境保护督查工作的时候,每天步行数十公里去现场勘查,回到单位依然要加班至凌晨两三点赶写材料,工作已迈入常态,偶尔还要被领导无情地指责。那时候她想过放弃,想过辞职,可是在某个深夜里她再次问自己为何要来到人们心中的圣地工作,想了好久,她给自己的答案是因为喜欢。现在虽然还是很累很辛苦,但是自己是在为人民服务,劳动成果能被肯定心里还是欣慰的。每一次被评为先进个人的时候,心里有种说不出的感动,也许这才是来这里的意义所在,无形中奉献着自己的青春。

西藏,世界的屋脊,生命的禁区,自古以来就是我国不可或缺的一部分,是我国重要的安全、生态屏障。既然来了,就要奉献西藏、扎根西藏、建设西藏,学习老西藏精神,认真贯彻落实习近平总书记"治国必治边,治边先稳藏"的重大战略思想,从内心深处做一名合格的建设者、奉献者。

丘吉尔曾说过:"我没有别的东西奉献,唯有辛劳、泪水和血汗。"这位姑娘说:"我感谢我的父母和老师,感谢上天给我来西藏的机会,我要将泪水流在高原,将汗水洒向高原,将青春燃烧在高原,让人生之花盛开在高原。因为,这世界上的一方净土,需要你我用余生来静静守候。"

(江苏省高校招生就业指导服务中心供稿)

西藏，我最爱的家乡

——江苏师范大学王玥事迹

我是王玥，2016年6月毕业于江苏师范大学美术学院，同年7月成为一名西藏自治区拉萨市的基层公务员，2017年3月底经分配至林周县边交林乡人民政府，现主要从事精准扶贫工作。工作的这段时间里，我始终坚定跟党走的理想信念，努力提高自身素质，竭心尽力为群众办实事办好事。

我作为一名基层党员干部，努力学习，不断提高自身素质，始终坚定共产主义信念，拥护党的领导，拥护中国特色社会主义道路。在工作与生活中，我坚持把学习放在首位，把加强学习作为提高素质、履行职责的第一需要，认真学习社会主义核心价值观、"两学一做"以及十九大等重要会议精神，思想上时刻与上级党委政府保持高度一致，并在工作中不折不扣地把党的各项路线、方针和政策落到实处。

参加工作以来，我主要从事精准扶贫工作。我认为要成为一名合格的扶贫工作人员，首先必须认真学习扶贫领域的各项政策、规章制度以及会议精神，不断丰富自己的理论知识水平，从而充分地认识与理解精准扶贫的重要性和必要性。在明确自己的工作目标后，我努力把所学到的理论知识运用到日常工作当中，做到学以致用。精准扶贫工作最重要的就在于贫困户生产生活等各项信息的"精""准""实"，为了获取贫困户最翔实的第一手资料，我会和藏族干部一起下村入户，了解贫困户生活生产的最新情况以及他们遇到的困难并及时加以记录。但由于沟通方面的问题，我更多的是在电脑前整核贫困户的数据和资料。除了日常的工作外，我主要还负责精准扶贫网络平台的信息录入以及一户一档资料的完善工作。扶贫工作的每一项内容都环环相扣，必须做到精准地反映每一位贫困户的实际情况。面对大量的数据和烦琐的工作，我时刻提醒自己,一定要保持高度专注的心态,以认真严谨的态度对待贫困户的每一个信息。虽然很多数据改了又改,经过了数次的审核、推翻、再审核,这样反复的工作常常令我苦不堪言,但是只要最终的结果能够切实反映贫困户的生活状态,并且能够切实为贫困户谋得福利,期间过程多么曲折,对我而言也不再重要。今后,我也将继续用自己的细心与耐心,秉持高度的责任心和使命感,对待包括精准扶贫在内的每一项日常工作。

由于家庭的原因,从高中起我就接受国家和社会各界爱心人士的资助,所以在大学毕业的时候,得知有这么一个来西藏基层工作的消息时,我觉得这个机会对我而言就是最好的安排。我相信如果之前接受的那些爱意是因,那么毕业后能够来到这里工作就是果,而联系这份因果的就是我内心沉甸甸的感恩和回报之情。也正是这份感情让我在面对各种困难的时候,都可以坚定地告诉自己,走下去!

在扎根西藏这片神奇的土地近两年的时间里,我结识了一群非常亲切友善的同伴,他们既是同一批从内地五湖四海来到西藏的拉萨班同学,也包括我在乡政府认识的每一位同事、领导,有了大家的陪伴,让我只身一人也不会感到孤单。同时我的内心也从最初的感恩,渐渐得到了升华。我爱上西藏,爱上了圣城拉萨,爱这里的自然风光、人文风俗以及那些淳朴可爱的藏族百姓。热爱是从事一个职业最坚定的力量。这颗热爱与感恩的赤诚之心激励着我勇于面对工作中出现的困难与困惑,通过不断提升自己,在基层事业中栉风沐雨、砥砺前行,实现自己的人生价值。

回顾过去这段时间,我知道在自己身上发生了很多的改变,但不变的是决定投身这片土地的那份初心。我感谢江苏师范大学对我的培养和指导,感谢老师对我的教诲和帮助。来到西藏,这里就是我的家乡!扎根西藏,我要建设我的家乡！今后，在西藏的这片热土上，我必将继续怀揣着这份使命感，以执着的意志、坚韧的品格、高尚的品质、积极的工作热情投身于基层事业建设中，用自己的实际行动践行最初的誓言，我愿将青春奉献给西藏，将美丽的西藏建设成我最爱的家乡！

（江苏省高校招生就业指导服务中心供稿）

浙 江

浙海学子在西藏运营新媒体，
一年后粉丝量翻10倍

——浙江海洋大学李彬彬事迹

2015年的春天，为了圆自己的一个"西部梦"，响应团中央"到西部去、到基层去，到祖国最需要的地方去"的时代号召，浙江海洋大学人文学院、教师教育学院B11历史班的毕业生——李彬彬毅然报名参加了"大学生志愿服务西部计划——西藏专项"。8月，怀揣着梦想，他来到西藏第一面五星红旗升起的地方——昌都，拉开了他参加西部计划志愿服务的序幕。带着几分庆幸，几分谨慎，他认真勾画着自己的志愿者生涯，满怀激情地完成一个西部计划志愿者应尽的使命，同时在实践中不断学习和提高，深刻懂得了成才在基层的含义。

一、从零开始，单打独斗做起了新媒体

来到昌都，李彬彬的主要工作是负责昌都团市委官方微信公众号"青春昌都"的日常运营，对于历史专业出身的他来说，负责微信公众号、面对电脑有点发愁，因为在此之前他并没有相关方面的经验。但他并没有被困难所吓倒，一番请教后，他开始挑战起了图片处理和视频编辑这两项必备技能，为了尽快学会这些技术，他时常通过在线视频虚心地向擅长计算机技术的大学同学请教，并时常学习研究到深夜。刚开始接手"青春昌都"微信公众号时，粉丝量只有1800人左右，微信阅读量也并不高。摆在他面前最难的就是如何增加阅读量，增加粉丝量。三人行，必有我师。他把全国各大省市团属微信公众号、各大高校的官方微信公众号关注了一遍，想把内地青年最关注、最喜欢的热点和亮点进行本土化，带给昌都的青年们。那个时候，是李彬彬最忙碌的时候，他将内地的"爆款"推送一篇篇复制下来，有空的时候，便开始去分析和研究，了解别人家的微信文章是如何获得高评价的，把要点记下，而后尝试着运用到"青春昌都"里去。

二、一年之后，公众号粉丝量翻近 10 倍

有一段时间，各大高校推送了专属自己学校的《南山南》，李彬彬想，为什么不做一个昌都版的《南山南》呢？说干就干！做一篇昌都版《南山南》，需要音频、图片和歌词，李彬彬先根据昌都的风土人情开始改写《南山南》的歌词，为了更能突出昌都地方特色，他发挥专业优势，频繁翻阅记载有昌都历史文化的《昌都地区志》，收集了大量的文献资料和照片，想把昌都最美的一面表现出来。照片、文字自己可以搞定，可唱歌就难住了他。李彬彬想起了海大的老同学们，求助他们翻唱录制了昌都版《南山南》，等他全部整理好后，前后忙碌了近一周，没想到推送后阅读量一下就破万了，这让李彬彬很激动。后来，他又陆续推出了《从 A 到 Z 写给昌都的情书，请拆封》《你好，我叫昌都，这是我的名片》《天呐，把昌都穿在身上，简直美 cry！》等昌都青年所喜闻乐见的原创图文推送。他十分清楚毛主席说的"文化思想阵地我们不去占领，敌人就会占领"的深刻内涵，充分发挥新媒体矩阵在青年思想领域宣传中的重要性，不仅下足功夫做好"青春昌都"微信公众号，还倾力于昌都团市委官方微博和"青年之声——昌都"的运营工作，每日在完成办公室日常工作后，无论多晚，他都尽职尽责地寻找优质内容，或转发或自行创作，为广大昌都青年提供最新鲜、最实用的信息。在他的不懈努力下，一年后，"青春昌都"从接手时的 1800 余人增加到了 16500 余名粉丝，翻了近 10 倍。阅读量从原来的 20 余万人次增加到了 110 万余人次，昌都市 78 万人口中，作为一个地区性的中文新媒体，能做到这个成绩实属不易。

因为这些不懈的努力,"青春昌都"多次入围共青团中央联合中国青年报发布的"共青团微信公众号影响力排行榜",并长期名列西藏日报联合"新榜"发布的"西藏微信影响力排行榜"前十五强,在西藏七地市共青团官方微信中排名第一,"青年之声——昌都"的活跃度在各地市"青年之声"平台中也名列第一,得到了广大昌都青年的一致好评,多次受到西藏自治区、昌都市领导的表扬。

三、站在一线,服务好青年创业就业

在昌都,他还积极参与昌都团市委主办的昌都市首届青年创业大赛,尽己所能,通宵达旦地制作大赛开场视频、宣传海报。在总决赛现场配合电视台工作人员,负责舞美灯光、视频播放,为总决赛现场营造了绚丽的氛围。赛后,通过"青春昌都",设立"创业志"栏目,向社会推介优秀创业项目和创业者,引起了极大的反响。而后还大力协助部门负责人准备西藏共青团首届青年农牧民创新创业大赛的参赛工作和西藏共青团青年农牧民创新创业创优成果展的参展工作。通过单位领导的统筹规划,部门负责人和他数月的精心组织和筹备,最后选送的达美拥品牌建设项目获西藏共青团首届青年农牧民创新创业大赛冠军,嘎玛嘎赤唐卡营销项目获得优胜奖,其他四项入围半决赛的项目荣获优秀作品奖,昌都团市委荣获优秀组织奖。并且,优秀产品在西藏共青团青年创新创业创优成果展上签约订单累计销售达350万余元。

四、完善基层团组织建设,履行好志愿者的职责

在部门负责人的指导下,对有意愿申请建立团支部的单位,他总是耐心、细致地为其解释团支部建立的条件以及具体细则,对于符合建立团支部的单位上交的请示,协助部门负责人及时撰写批复,帮助其申请建立团支部。2016年4月起,部门开展了全市各级团组织、团员、青年数量的摸底统计工作,他完成了逾百家的市(中、区)直单位的统计工作。在单位以正式职工的高标准严格要求自己,在志愿服务活动中,以一名普通西部计划志愿者的身份告诫自己,无论日常工作多苦多累,志愿服务不能落下。在西藏自治区成立50周年、昌都解放65周年大庆、首届、第二届三江茶马文化艺术节和各种大大小小的志愿服务活动中,都少不了他的身影,积极发扬老西藏精神、两路精神和"奉献、友爱、互助、进步"的志愿精神,不怕苦、不怕累,保证出色完成所分配的志愿任务。

五、执著追求、无悔青春，展西部计划志愿者风采

在西藏期间，他作为带队负责人圆满完成昌都市青少年交流计划赴重庆学习交流活动。2015年12月，他带队的由50名当地老师和学生组成的昌都市"民族团结代代传·和谐交流共圆梦"青少年交流计划赴重庆学习交流团，圆满完成了学习交流活动。作为一名西部计划志愿者，他用自己的努力和实力证明了西部计划志愿者的能力和价值。他曾作为优秀学员代表西藏学员在2015年全国网络文化传播培训班上做交流发言。2016年1月，国家网信办主办了2015年全国网络文化传播培训班，他作为西藏学员中昌都学员代表，前往北京参加了培训。培训期间，李彬彬充分发挥自身在新媒体上的经验和优势，协助领队老师，保质保量高效地完成了课程任务，两次代表西藏学员队伍在全国各省（市、自治区）500余名新媒体学员面前做了交流发言。并成为西藏两名优秀学员中的一名，加入到了中国网信办的网宣员队伍中，投身于网络舆论的引导中去。

他因负责运营"青春昌都"微信公众号的成功，应昌都市委宣传部邀请在全市宣传部长工作会议上做了经验分享发言，同时获得了2015年度网信工作优秀先进集体的称号。作为一名西部计划志愿者，工作和表现得到了大家的认可，并于2016年12月获得全国青年志愿者优秀个人荣誉称号。

李彬彬总是说，虽然自己的岗位是平凡的，但他的青春是火热的，他会继续坚持勇敢无畏的精神，以兢兢业业、勇于创新的作风，以昂扬的斗志积极地践行志愿精神，忘我地铺就绚丽多姿的志愿之路，谱写一首属于自己的青春之歌。

（浙江省高校毕业生就业指导服务中心供稿）

一朵扎根在高原的格桑花

——浙江工商大学何林秀事迹

何林秀,女,1990年出生于山清水秀的广西,2014年毕业于浙江工商大学旅游与城市管理学院资源环境与城乡规划管理专业。2014年8月参加"大学生志愿服务西部计划",服务于西藏林芝八一镇。两年志愿服务期间,两次荣获"西藏自治区级优秀志愿者"称号,并于2017年荣获"浙江杰出志愿者"称号。服务期满后,何林秀申请了留藏工作,现任职于西藏林芝市住房和城乡建设局。

一、远赴西藏,不是浪漫的旅行

2014年毕业前夕,何林秀接到了"两项计划"的招募通知,通知称需要选派一定数量的普通高等院校应届毕业生和在读研究生,到西藏、新疆和兵团以及其他招募省和浙江省部分欠发达县(市、区)基层从事为期一至三年的志愿服务。

在大学期间一直受到学校和社会的帮助,总想着有一天要回馈社会的何林秀眼前一亮,她怀着满腔的激情和志愿精神申请了"两项计划",并顺利通过了面试和体检,坐上了去西藏的火车。"出发的时候特别兴奋,但进藏之后就不兴奋了。"何林秀在西宁转乘了进藏高原车,在火车翻越唐古拉山的时候起了高原反应，吐了很多次。抵达西藏拉萨后，在西藏大学开始了为期一周的培训和适应。

初到西藏的何林秀，不能跑，不能跳，甚至不能快步走路，爬4楼就和在内地爬14楼一样，也不能洗澡（洗澡可能会引发高原反应）。一周后，志愿者们开始奔赴各自的服务地，何林秀抵达了西藏林芝地区自来水有限责任公司。

二、细致责任，平凡的岗位不平凡

在自来水公司里，何林秀被分在水质化验的岗位上。水厂的化验室是她去的那一年（2014年）刚刚成立的，很多方面都处在起步阶段，没有可直接参照的工作手册，没有清晰的工作机制，就连化验仪器也是陆续添置的，而工作人员更是严重短缺，化验室里连何林秀在内只有3个人。一切都需要在学习、实践中摸索着前进。虽然条件艰苦，但何林秀深知肩上的责任：水质化验的岗位平凡但非常重要，一旦化验出水质出现问题，水厂对水质进行改善需要马上启动相应的措施和应急预案，而这事关整个八一镇居民日常用水和生活。

由于大学所学专业不是化学相关专业，何林秀从事这个岗位专业不对口。为了适应工作需求，她付出了更多的时间和努力，去借阅书籍自学，去向有经验的同事请教，节假日还待在实验室里练习操作检验的仪器设备，背诵复杂的换算公式，在很短的时间就掌握了水质化验的常规理化实验技能。她认真细致的工作为当地居民饮用水安全提供保障。

三、志愿服务，点亮高原的微光

在踏实细致做好本职工作的同时，何林秀想的是怎样能更多地为藏区服务，为藏区人民服务。她积极参加"圆梦暖冬"行动，坚持每周二、周四去福利院为孩子们辅导课业；她自费购买了小型投影仪，精心挑选适合儿童的电影，每周六固定为农民工子女带去欢乐；她参加了"一对一"助学活动，每周单独为4个小学、初中的藏族孩子辅导课业。虽然孩子们的基础较差，教学过程中遇到很多困难，但何林秀没有放弃，希望能通过自己的努力，哪怕能为孩子们在高考中多赢得一分也好。此外，她积极参加创卫宣传、文明引导、环保服务、"彩虹跑"等活动，为宣传、建设美丽和谐林芝贡献一份绵薄之力。她还加入了林芝市志愿者管理委员会，连续两届担任活动部部长，积极策划开展了志愿者欢送晚会等活动，不仅丰富志愿者们的业余生活，还让广大志愿者感受到大家庭的温暖。

四、奉献青春,坚守高原的格桑花

"与其说是我用微薄之力服务了藏区人民,不如说是藏区人民给了我更多的幸福和充实。"回顾在林芝两年的志愿服务工作,何林秀体验到的是一丝丝辛劳之后浸着汗水油然而生的幸福感,是微笑不由自主地爬上脸颊的快乐,"那种感觉是充实的,使人欣慰的,是无法表达的。"志愿者的工作让何林秀爱上了这里,两年志愿服务期满后,何林秀申请留藏工作。

新的时代需要新的精神,新的精神营造新的气象。作为新时代的青年,更需要在新气象所营造的新舞台去尽己所能地体现自我的价值。在志愿服务期间,何林秀用实际行动建设美好西藏,更是用实际行动生动地诠释了"新时代青春该有的模样"!何林秀是一朵绽放、扎根在高原上的格桑花。

(浙江省高校毕业生就业指导服务中心供稿)

初心不改，回乡任职

——浙江师范大学行知学院王佳佳事迹

王佳佳，女，1993年7月生，汉族，中共党员，2013年6月入党，金融学本科学历，经济学学士，浙江省级优秀毕业生并曾获浙江省职业规划大赛二等奖。2015年毕业时，她放弃优厚待遇的金融系统工作机会，回家乡梧溪镇任选调生村官，并被任命为梧溪村党支部副书记，分管村集体经济、项目引进、党建等工作。

2016年被评为温州市党员干部现代远程教育优秀站点管理员；2017年获文成县第二届时评挑战赛个人二等奖；2017年文成县西坑畲族镇驻村干部考核优秀第一名，2018年被评为温州市第三次全国农业普查市级先进个人，并被推荐温州市农村优秀指导员候选人。

一、思悟初心，用"笨"感受民生

工作近三年，王佳佳办公室的灯永远是全镇最晚熄灭的那盏，每天晚上她会坐在办公桌前记录今天做的事情，整理下村的照片，认真填写村记录、民情日记和照片记录。截至目前，她已记录在村工作超过712天，工作时间超过4270个小时，记录照片超过5000张，处理村居事务超过800件。每月的农历十五她准备课件给党员上党课，除此之外她还精心制作党的理论知识学习教育的PPT和小读本，让知识行走起来，盘活流动和行动不便的党员统一教学。而针对各类基层党建的知识，她发挥自身就读师范大学的优势，用通俗易懂的方式逐条解读基层管理业务知识和党的理论知识，随时对村干部和党员进行抽查，让他们通过"笨办法"巩固夯实基层组织建设的各类内容。梧溪村妇女党员雷爱娥说："都是佳佳教得好，她像个百科全书，讲解的内容丰富，而且讲解的时候特别生动，举例子大家都能听懂，比如五议两公开，她就让大家从小到大来记，开会的人数也越来越多……"奋进正当时，青春勇担当，作为一名新时代的基层干部，王佳佳不忘她的初心，学着让人民群众有依靠、靠得住。把职责和使命定格于人民，把情感和爱心倾注于人民，把智慧和力量奉献与人民。树立远大的目标，怀着"有担当"的心，为老百姓真正地做一些实事和好事，她说这就是我们真正的"大事"。

二、践行初心，用"脚"丈量民情

2016年"鲇鱼"和"莫兰蒂"台风让梧溪村受到不小的影响。台风期间，王佳佳就和村干部在一起，吃住在一线。一方面及时上报汛情和受灾情况，另一方面组织村干部进行24小时不间断巡查，不遗漏任何一个自然村，确保无人员伤亡。村内有一位老人徐翠英，因子女常年在外经商独居老屋，台风侵袭但是老人因耳聋听不见村干部的劝阻，不愿搬离老屋。王佳佳就反复和徐翠英老人做工作，拉着老人的手指着屋后的塌方表示这里太危险请求老人跟他们立刻转移，老人看着年轻的驻村干部一趟一趟来，也明白了他们是担心她的安全，她点点头表示愿意转移，王佳佳就协同村干部一起将老人转移到避灾安置点，并细心为老人铺好床铺，反复叮嘱老人不要擅自离开避灾中心回老屋，有困难和她说。台风过后，王佳佳和徐翠英老人的家人取得联系，并将老人的情况向镇里汇报，希望能对老人的房屋进行修缮加固。得到镇领导的批准和老人家人的支持后，王佳佳将各类手续落实，短短两个月房屋的手续和修缮都完成了。现在，徐翠英老人能够安心住在房子内，而徐翠英老人只要在村里看到王佳佳就会激动拉着她的手说谢谢，待她就像自己的亲孙女。"大拆大整"活动、"小城镇环境综合整治"活动、公路建设前期政策处理……哪里有工作，哪里就有她的身影，村民一句问候就是她对工作最大的坚持。

三、坚守初心，用"心"温暖民心

工作之初，王佳佳便挨家逐户进行走访，全村374户1068人，村里的村路、房屋分布、甚至每条小巷子，她都能熟记于心，成了梧溪村的"活地图"。自梧溪村成为"最多跑一次"村级便民服务中心试点后，王佳佳充分发挥自身网络指导员的作用，不仅协助网络员工作、悉心指导业务、解答政策疑惑，而且帮忙村民代跑业务、服务到家。为了进一步给村民办事做好"减法"，她配合镇里梳理出"最多跑一次"的90个事项，并针对39个最常用的办理事项分别定制便民综合小折页和村级办事流程制度牌供群众自主选择了解，每个事项所需所备和办理时限一目了然。王佳佳在开展一次入户宣传活动时了解到村内有一位村民富正林，因患有严重肾病，为治病耗光多年积蓄，这让原本就贫困的家庭雪上加霜。王佳佳知道情况后，马上和村干部商量对策，一边收集材料办理低保，一边协助筹款安排慰问。在得知本季度的低保已经上报审核时，王佳佳就迅速联系分管领导将实际情况汇报并在村干部、镇领导的共同努力下提前将富正林的低保审批下来。当王佳佳将低保证送到富正林家中时，富正林的家人热泪盈眶，对王佳佳更是表示再三感谢。除了办理低保证，王佳佳充分利用周二下村集中办公的时间，协助村民办理移民迁村点退换押金的手续，让村民一次都不用跑就能退回押金。王佳佳说，我们多跑一点，让群众少跑一趟，多一份便利，这都是我们驻村干部应该做的。

四、不忘初心，用"情"焕发村貌

王佳佳除了注重为群众办实事办好事，平时她也会下功夫投身村内的各项建设。作为村党支部副书记，她从村级班子、党员、村民、服务、活动和经济等方面深入思考，通过和领导的沟通及专业设计团队的专家对接，她在一周内写出《梧溪村"党建 + 乡愁文化"让古村落焕发新活力》的文稿，并制作PPT。找准梧溪村的发展定位，做好文旅、农旅融合文章，即继续以美丽乡村和历史文化古村落建设为抓手、以党建为引领、以产业为支撑，把农村人居环境综合整治、"大拆大整大建大美"工作与乡村旅游结合起来，与民俗文化结合起来，真正使梧溪村"养眼养胃养肺养心，慢吃慢睡慢行慢过，望山见水忆乡愁"。2017年10月，她利用40天参与修缮梧溪村富家大院指导工作，成功举办了全国晚报社长、总编辑"超构故里行"活动，打响最牛"外婆家"名气。村民代表担任"轮值村官"、共产党员设岗定责、村干部认领十项重点工作等一系列特色做法让梧溪村基层管理焕发出新活力。这一系列特色做法也在镇域县域范围得到推广，"学必成学必果确保理论实践相结合"，王佳佳积极组织村内"96345"党员志愿者队伍助力中心工作和重点工作开展志愿活动，进一步增强党员的先锋意识、责任意识和使命意识，同时也增强党员的凝聚力、向心力，保证党员能够冲锋在前，彰显党组织的战斗堡垒作用。

习总书记谈 30 年前基层工作经历，视其为人生宝贵财富："农村基层的工作经历是人生的一个坐标，有了这个经历，就更清楚地知道什么是群众、如何尊重群众，知道什么叫实事求是、如何尊重事实。"作为一名"90 后"大学生选调生村官，我们不难在王佳佳身上看到以恒心为横轴、以责任心为纵轴画出的"以梦为马，以汗为泉，不忘初心，不负韶华"知行合一的曲线。

（浙江省高校毕业生就业指导服务中心供稿）

江 西

不忘初心、砥砺前行、扎根基层、筑梦青春

——江西农业大学李祖杰事迹

李祖杰，男，中共党员，外国语学院2014届毕业生，在校期间连续当任班长、团支书及学院团委副书记等职务，荣获国家励志奖学金、校三好学生、优秀学干、毕业生先进个人等荣誉称号。毕业后积极响应国家鼓励高校毕业生到基层工作的号召，选聘为赣州市信丰县铁石口镇坳垅村大学生村官，现任村党支部副书记，镇团委书记、党建办主任职务。在基层工作期间，始终不忘初心，继承和发扬"厚德博学、抱朴守真"的优良传统，扎根基层，筑梦青春。

一、热血青春，无悔选择

今年25岁的李祖杰，正积攒着人生中最宝贵的财富——基层历练，2014年从江西农业大学毕业后考录了赣州市大学生村官，曾经被人调侃"学英语专业的大学生不务正业，回家乡当村干部"，除了一贯的阳光和幽默，如今的他看上去显得更加沉稳和谦虚了。

李祖杰是赣州市信丰县人，出生在普普通通的农村家庭，父辈们整天日出而作、日落而息、兢兢业业、任劳任怨，生活对于他们来说，却还是显得有些吃力。边远的赣南山区、阻塞的信息通道，使他们觉得：乡村的孩子，只有认真读书，考上大学，在大城市找一份体面的工作，才能算得上是出人头地。但他的心底始终藏着一个很强烈的愿望："我毕业后要回到农村，去建设农村。"

可到了基层，他才发现："理想很丰满，现实很骨感"。基层没有那么多的风花雪月，也不是那么容易就能带领群众脱贫致富，更多的是写材料、整理档案、进村入户开展政策宣讲等琐碎的事务，很多业务上的工作都是心有余而力不足，偶尔还会有不适应的情绪和抱怨。李祖杰不服输，既然来了就要做好。于是他开始进行自我反省，脚踏实地、认真细致地做好每一件小事，从零开始定位好自己的"村干部"身份，坚持低调做人、高调做事，虚心向前辈们学习请教。在基层的工作和生活都开始慢慢步入正轨，身边的领导同事和干部群众也开始认可这个年轻的"村干部"。

踏实、勤奋、好学、上进……这是大家对他的评价。当周围的人都在说"90后"是一群浮躁的青年，他却用自己的行动，证明"90后"不只有热血豪情，也有基层情怀。

二、心系民生，助力脱贫

简单地收拾行囊，骑上一辆摩托车，2014年9月上岗的第一天，李祖杰来到了信丰县铁石口镇垇坵村。

垇坵村是远近闻名的老工业村，因为煤矸石资源丰富，数十家小煤窑曾聚集在此，小煤窑整顿关停后，又开办了十余家砖企，目前仍有6家在正常运营，过度的工业开发使这个村子千疮百孔，也带来了生态环境恶化、耕地大面积贫瘠、地面塌陷地质灾害等难以修复的创伤，昔日"靠山吃山"的村民们纷纷外出经商或务工，遗留在家从事农业耕作的妇女、老人因为缺乏创收技能和渠道，不少还过着拮据的日子，垇坵村也因为人均可支配收入较低而被列为"十二五"县级扶持贫困村。了解到这些，李祖杰思绪万千，但却更加坚定了要在这里俯下身子、扎根下去的决心。

那些日子，他经常匆匆吃过晚饭，就和其他工作队员一起马不停蹄地下到村组，深入到结对帮扶的14户贫困户和20户挂点联系农户家中进行夜访，耐心倾听群众呼声、了解生活疾苦，与贫困户共谋致富之策，他希望让群众的每一个声音都能得到满意的回应，几乎每次都是早早地出发，很晚才回到住处。

扶贫工作开展以来，李祖杰一直在思考：像垇坵村这样一个缺良田、缺扶持、缺劳动力的贫困村，应该走什么路子来脱贫。正当他愁眉莫展的时候，得知了有石城客商想在铁石口发展白莲产业，并且看中了垇坵村地形平整、交通便利的优势，于是一边请示镇里的分管领导、一边说服村里抓住发展机会，拿下这个项目。经过多方协调，垇坵村白莲产业基地于2016年4月正式投入种植，种植规模达350亩，李祖杰和村"两委"干部积极与基地沟通，争取到

20亩作为扶贫专项地块，由村里安排自身发展条件较差的贫困户参股和领办，贫困户既能享受到产业扶贫政策，还可以拿到股金分红。此外，基地还吸纳了周边贫困户及农村剩余劳动力230余人就近务工，户均年务工收入近万元，有效加快了贫困群众脱贫致富的步伐。

三、敢于担当，主动作为

刚选聘到村里时，他的职务还是"村党支部书记助理"，恰逢2014年全省村（社区）"两委"换届选举，来坰坵村不到半年的李祖杰就已经给村里的党员群众留下了很好的印象，于是大家一致同意推荐他作为村支部委员候选人，在正式选举中，李祖杰同志以全票当选为村党支部副书记。

针对支部党建资料存档不规范、不标准，远程教育设备运行不正常，"三会一课"落实不到位，学习教育开展不及时等问题，李祖杰不断加强基层党建业务钻研，从党的群众路线教育实践活动到"两学一做"学习教育，一以贯之地协助党支部井井有条地开展好各项规定动作，并对各项工作材料进行整理归档。坰坵村凭借着活动开展成效明显、资料归档有序一直被誉为党建工作的"示范村"，周边村（社区）也经常性地到村里来进行交流学习。

2016年6月，时任坰坵村党支部书记的谢鹭遥同志经"三类人员"选拔考录乡镇领导班子成员，一时间村里群龙无首，个别村干部在作风上开始出现庸懒散的苗头，由于缺乏有效监管，村级财务管理出现诸多问题，村"两委"各项工作也开始陷入被动局面，就在坰坵村一下子由先进示范村变为落后村的情况下，李祖杰挺身而出，敢担当、敢挑战，主动向镇党委、政府请缨，主持村"两委"全面工作。

履职后，他顶住压力首先指出了村"两委"班子，尤其是村委会工作中存在的一些不足,并对个别不主动上进、不善思考,存在"等、靠、要"思想的村干部进行了批评指正;针对财务混乱的问题,要求严格落实执行村财务集体讨论联审制度和"三务"公开制度,促成了村级财务运行透明公开化,凡重大问题决策、重大项目投资、大额资金使用等,都必须通过民主决议,让村"两委"各项工作置于广大群众的监督之下,重塑了村"两委"的良好形象,成功扭转了被动局面。在全镇2016年度主要工作目标管理考评中,圳坵村荣获精准扶贫等5项先进,被评为全县"五四"红旗团支部;李祖杰被评为全市优秀共青团干部、全县优秀组工干部。

四、创新克难,勇争一流

在校期间,李祖杰曾连续担任班长、团支书、社团负责人及学院团委副书记等职务,组织开展支教、"三下乡"、关爱孤儿等公益活动40余次,累计帮扶困难学生、留守儿童397人次。

针对农村困难学生、留守儿童和教育发展不均衡等问题,李祖杰把学校的那一套社团工作经验灵活运用到了基层,2015年12月,在取得镇党委、政府的大力支持和帮助下,他牵头成立了全县首个乡镇级公益类社团——信丰县铁石口镇教育发展促进会,经选举担任社团秘书长职务。促进会成立后,得到了社会各界的广泛关注和支持,截至2017年1月,筹得爱心款项108.3万元,还有部分爱心人士通过促进会向学校捐赠课桌凳、教学设备和苗木等,在当地形成了扶贫济困、尊师重教的文明风尚。

正当微博、微信新媒体载体在政务服务领域全面开花,李祖杰又开始折腾起来了,提出注册上线乡镇官方微博、微信公众号的想法,得到认可后,他当月就完成了官方微信、微博公众号平台注册认证,并在"铁石口微资讯"微信公众号平台上开设了"办事指南""政策问答""金点子征集"等服务专栏,搭建起了发布信息、沟通互动和汇集民智的重要平台。借助公众号平台,他从立足本地文化底蕴、资源优势和市场需要出发,先后打造了信丰名优特产红瓜子微信名片,制作了平卧菊三七产业推介视频、《中国之梦(铁石口篇)》等多部新媒体作品,用绘声绘影的方式,向社会各界广泛宣传镇域经济社会发展成果和秀美风景,坚持唱响主旋律、传播正能量、引领新风尚。

扎根基层三年多来,他坚持把"不忘初心,继续前进"的时代脉搏贯穿始终,在基层一线各项工作中取得了突出业绩,2016年5月曾受邀回母校参加"落地基层,放飞梦想"校友村官报告会并做招考动员讲话,用自己的真

实故事和切身体会，鼓励广大青年学子投身基层、锻炼成长。

"既然选择了基层，便只顾风雨兼程。"基层工作虽然琐碎辛苦，但李祖杰仍会不忘初心、砥砺前行。他说："没有什么能挫败一个有梦想的人，来吧，青年，基层大有可为！"

（江西省高等院校毕业生就业工作办公室供稿）

扎根苍莽大山，让信仰点亮人生

——江西农业大学谢京事迹

谢京，女，汉族，中共党员，1990年7月出生，江西吉安人，大学本科学历，毕业于江西农业大学职业师范学院。2013年7月作为西部计划志愿者到全国青少年井冈山革命传统教育基地服务，现为全国青少年井冈山革命传统教育基地管理中心团委副书记、教研处科员。

怀着对红土地及革命传统教育事业的热爱，谢京扎根井冈山从事培训工作，充分利用井冈山的红色资源，开发和实施课程，负责策划、研发和主持的"让红色基因代代相传——革命后代讲家风"课程，受到了文化部机关、河南卫视、中国神华集团等诸多单位的宣讲邀请，受到中央电视台、江西卫视等多家媒体的报道。2017年，担任基地"传承红色基因"志愿服务队首任队长，开展义务讲解、课程走进社区等活动，以实际行动传承井冈山精神。

在井冈山，有这样一群年轻人，他们不是导游，却似乎知道井冈山每一间老屋的故事；他们20多岁，却远离城市，哪怕家在山下，也两个月都不回；他们"眼中常含泪水"，因为对这片土地"爱得深沉"……他们就是在全国青少年井冈山革命传统教育基地工作（以下简称"基地"）的年轻人。

在基地，年轻人间流行一句话："好山好水好寂寞"。看电影要坐火车，购物只能利用强大的淘宝，但是他们的幸福指数却很高。谢京，就是基地的一名老师，2013年7月作为西部计划志愿者到全国青少年井冈山革命传统教育基地服务一年，无论从事一线带班教学还是团的工作，都兢兢业业、任劳任怨，以出色的工作能力和无私奉献的精神，追求着自己的人生理想，现为基地管理中心团委副书记、教研处科员。

一、上山

"到西部去，到基层去，到祖国最需要的地方去。""假如一生能活七十岁，一年就是生命的七十分之一。我愿意花生命的七十分之一来做志愿者，这样，人生会更精彩……"影片《志愿者》中的深情话语，深深鼓舞着即将大学毕业的谢京。在物欲横流的现代社会，部分人在物质铺就的路上走得飞快，以致让灵魂迷失了方向。在她看来，如果用少许的时间来做感动一生的事，她愿意用自己的能力来帮助他人，不但可以体会自己的存在价值，也能得到自我提升和磨炼。带着这样的憧憬，她决心加入西部计划志愿者这个光荣行列，选择了相对地处偏远的井冈山，到基地去绽放"七十分之一"的璀璨青春。

二、感悟

在井冈山从事革命传统教育工作前，谢京对历史的了解，还只停留在教科书里，然而当她真正身临其境走进这片厚重的红土地，面对面地与伟大的灵魂交融和对话的时候，一段段峥嵘岁月重现脑海，让其心灵深受震撼。

一个个革命遗址，记载了多少岁月激荡；一件件历史实物，见证了多少英雄气概。在谢京脑海中，也一直萦绕一个问题，是什么样的力量，支撑着革命先烈在面临生与死的考验时毫无畏惧地做出选择？她在追寻先烈足迹的过程中寻找着答案，并与来自五湖四海的青年朋友分享。

虽然井冈山的斗争只有短短的两年零四个月的时间，但是牺牲的烈士却有四万八千多人。在基地现场教学点中，谢京去的最多的就是井冈山革命根据地烈士陵园，宣传革命先辈的英勇事迹。

怀着对"山沟里的马克思"的坚定信仰，井冈山的英雄儿女前赴后继，贡献了自己毕生的力量，才使得星星之火，燃成了燎原之势。1950年，中央组织部和国家民政部统计，从建党到新中国成立，活着的共产党员有400多万，而牺牲的共产党员却有4000多万。中国有句古话，叫九死一生，可是中国共产党走过的苦难辉煌却是十死一生！忘记过去就意味着背叛。谢京下定决心，一定要让更多的青少年了解我们党的历史，知道我们从哪里来，不忘初心，走好将来的路。

在谢京授课时，每次讲到动情之处，总有学员被革命前辈的英勇事迹感动得热泪盈眶。他们认为烈士陵园的现场教学是大家近距离地走进历史、走进先烈，一起触碰灵魂、触碰信仰的课程。每次看到此情此景，谢京都觉得无比光荣，同时也觉得自己肩上的担子更重了。怀着对红土地及革命传统教育事业的热爱，志愿服务期满后，谢京决定继续留在井冈山，扎根于井冈山，更好地从事培训工作。

三、使命

井冈山被称为没有围墙的博物馆，有一百多处革命旧址遗迹。基地志愿者们和青少年学员年龄相仿，他们带着学员们来到革命遗址，走进这个别样的课堂，亲眼看、亲耳听、亲手做、亲自体验红军艰苦的斗争和生活，近距离地走近历史，感悟历史，让学员们获得心灵的冲击和震撼，一个个现场教学点都融入了他们的奋斗。为提高教研能力与水平，提供更好的教学，谢京和其他志愿者们经常利用业余时间学习井冈山斗争、青少年心理等有关书籍，挖掘历史史料，了解青少年身心特点，抓住一切机会赴北京、延安、遵义、瑞金等地学习先进的教学经验；为打造适合现场教学点的主题与内容，他们经常深入学员一线听取意见，认真收集、查看、梳理学员登记表了解学员心声，经常不顾烈日暴晒、风吹雨淋深入到教学点调研考察。仅"井冈练兵"课程项目开发的两个月中，谢京就在茨坪到茅坪几十公里的崎岖山路上往返达40多次。探索之路注定不是一帆风顺，然而一路的艰辛迷茫、一路的酸甜苦辣，都没能阻止他们这支年轻团队前进的步伐。当感到委屈迷茫时，想到自己是一名光荣的志愿者，自己从事的是崇高的革命传统教育事业，是传播正能量，用历史和革命传统精神点亮人们前行的方向，谢京便获得新的力量。正是对使命的这份执着，让谢京和其团队在奋斗路上玉汝于成。

四、传承

在谢京看来，他们自身跟当地导游最本质的区别在于对历史的看法和对土地的感情。

根据培训班课程的安排,所有课程中,体验"红军的一天"的课程是最辛苦的。这一天都是现场教学,尤其是重走红军路。这一课程根据当年红军生活与战斗的场景,要求学员身穿红军服、头戴红军帽、肩负红军装备;内容既有突破敌人军事封锁的障碍行军,也有模仿红军突破经济封锁的重走挑粮、运盐小道;学员还要跟老乡学捆稻草、做担架、包伤口、抬伤员、入户调查,并帮老俵干农活儿、烹饪红军餐等。

基地的每一期学员几乎都要到这个教学点来。他们要做入户调查,还要在农户家起灶做红军饭,有的还要去靶场练兵。这对于每一个学员来说都是不小的挑战,对于身材瘦弱的谢京来说难度更大。她需要和每一期的学员,不断经历黄洋界的狂风暴雨和烈日暴晒的考验,穿上一身军绿色的野战服,一次又一次体验急行军,走在挑粮小道上。这个90后的姑娘始终微笑着。在老乡家,家庭和人员情况,碗盘在哪里、热水在哪里,她了如指掌。在路上,看到老乡家的狗,还去抚摸一下。谢京很喜欢现在的工作状态。有一次带班即将结束,她用学员在井冈山期间的照片熬夜做了一个短片。看完视频后,很多学员都哭了,有一个女学员抱着谢京说:"非常荣幸可以做你的学生。"

谢京说:"我能感到在这里离我的信仰很近,你的情感别人都能感受得到,种下一颗种子,就能感受到心灵的触动。"

五、成绩

谢京在工作期间,充分利用井冈山的红色资源,开发和实施课程,取得了一定的成绩。在课程研发和实施方面,参与研发和主持的"让红色基因代代相传,革命后代讲家风"课程,受到学员一致好评,被评为"最能触动内心柔软深处"的一堂课,受到了文化部、河南卫视、神华集团等诸多单位的宣讲邀请。

谢京热爱团的事业,努力学习团的理论和业务知识,认真贯彻团中央直属机关团委各项工作部署，工作能力强，能结合基地实际创造性地开展工作。自2015年公开竞聘当选团支部副书记以来，积极配合团组织完成了"青春助力新跨越"主题团日活动、年轻干部学习交流会、"我身边的好青年"推荐评选、"学雷锋"志愿服务活动和首届清明诗会等各类特色活动，取得较大影响，中国青年网、共青团移动频道、中国青年志愿者微信公众平台给予专题报道。在工作中，她主动关心新入职员工和西部计划志愿者，与他们谈心交流，帮助他们更好地融入基地，充分发挥团干部的示范引领作用。

在今年学雷锋日，基地团支部发起成立了"传承红色基因"志愿服务队，谢京担任服务队首任队长。服务队组织30名志愿者前往黄洋界等教学点开展志愿讲解服务，让基地的精品课程走近社区，以实际行动传承井冈山精神。

谢京经常主动放弃节假日休息，扎根井冈山，尤其在暑期培训高峰期间，在培训处师资不足的情况下，她在完成本职工作的基础上，不计个人得失，在教学一线积极上课，加班加点，任劳任怨，有效推进基地夏令营现场教学和暑期实践季互动教学等工作。在工作期间，谢京荣获基地2014年度"优秀员工奖"、2015年度"暑期立功奖"、2016年度"优秀共产党员"荣誉称号、2016年度"最美教工奖"，2017年基地荣获江西青年五四奖章集体，谢京作为基地代表领奖并接受现场访谈。

六、结语

信仰在井冈山似乎不需要刻意寻找，它就像可以燎原的星火，已经融化、渗透到这里的每一寸土地、每一个角落、每一个人身上，成为这里的一部分。

习近平总书记说过，人的一生只有一次青春，现在，青春是用来奋斗的，将来，青春是用来回忆的。在今天的井冈山青少年基地，有这么一群"90后"年轻的革命精神传播者，谢京作为共青团大家庭中的一员，放弃了都市的繁华，远离自己的家人，走进了苍莽的大山。为了传承信仰，谢京坚守在这方红色土地，和来自祖国四面八方的青少年，一起追寻先辈足迹，传承红色基因，喊出青春的誓言。用自己的辛勤汗水，将井冈山精神化为一次次的热血沸腾、一回回的心灵震撼，使之成为亿万青少年成长中的一簇簇信仰之火，从而点亮人生！因为谢京坚信：他们的点滴努力，一定能够汇成磅礴的青春洪流，共同托起中华民族伟大复兴的中国梦。

（江西省高等院校毕业生就业工作办公室供稿）

天马山下的支教志愿者

——江西师范大学曾祥钰事迹

曾祥钰，江西师范大学 2016 届毕业生，毕业后赴贵州望谟扶贫支教至今。在校期间，曾任校学生会主席、微爱公益秘书长等职，先后获得优秀共产党员、文明大学生、特等奖学金等校级荣誉 30 余项；践行志愿精神 6 年，是省优秀共青团员、省优秀志愿者，先后被评为中华人民共和国第一届青年运动会"优秀志愿者"、全国工商联大会志愿服务"先进个人"、江西大学生 2015 十大年度人物、电信奖学金全国先进个人标兵等荣誉，个人事迹受到人民网、江西电视台、全国青联《中华儿女》杂志、大江网等报道。

"关爱，应从实际出发时刻考虑服务对象的需求。"2016 年 10 月 9 日，一向不善表达的曾祥钰站在中国电信奖学金颁奖典礼的讲台上，作为全国"六有"大学生代表做了题为《让爱从实际出发》的发言，呼吁从实际出发开展关爱服务和支教行动，得到了团中央书记处书记傅振邦的肯定。

1992 年，曾祥钰出生在革命老区江西兴国一个农村家庭，因为父母外出打工，所以他打小就成了一名留守儿童。2011 年，他加入了江西师范大学青年志愿者协会，成了一名志愿者，从此，他的生活就和志愿服务紧密相连。6 年来，他创建公益组织、发起公益项目、践行公益行动、传递公益能量，始终冲锋在志愿服务的第一线。

在学校，发起并负责的"夕阳知晨"助老和"微爱留守"扶幼两公益项目均获志愿服务项目大赛全国银奖，影响并带动了许多青年大学生在志愿服务中实现自己的社会价值。这之前，志愿者俨然成为他的一个重要标签；现如今，他又多了一个标签，那就是——支教老师。

一、选择：放弃入职，毅然选择西部支教

2016 年，在那个最难就业的毕业季里，他收到了 3 个就职 offer，多个单位向他抛出了入职"橄榄枝"，本来已是践行核心价值观全国个人标兵、江西大学生十大年度人物的他可以有更多的选择，但他却说自己是一个普通大学

生，想去基层锻炼做点力所能及的事。同时，在曾祥钰内心深处，大学时经历的那个"一个人的课堂"给他触动很大，即一个学校只有一个老师、一个学生。所以即使一边是高薪收入、稳定的工作；一边是微薄补贴、艰苦的支教，他也依旧想放弃入职，选择去西部服务。

有时候，理想和现实总是有冲突。当他说出自己要报名支教团的想法时，几乎全是质疑的声音，同学朋友投来异样的眼光，父母亲戚更是坚决反对，他们的不理解和不支持，让他很是煎熬。但当看到江西师大支教宣传册上历届前辈们从繁华的城市到大山深处，用稚嫩肩膀抗住倾颓教室的感人事迹时，他下了决心，努力说服父母，毅然选择了西部，决定放弃入职报名参加支教团，用实际行动延续他作为一名志愿者的初心，在望谟天马山下扛起属于自己的责任担当。

二、需要：扶贫支教，时刻服务大山的需要

2016年7月，曾祥钰来到了贵州省黔西南布依族苗族自治州望谟县，在天马山下开启了为期一年的支教生活，他服务的学校是望谟县第二中学。他认为"支教，应该从实际出发时刻考虑服务对象的需求"，他是这样说的，也是这样做的。当了解到望谟缺乏语文老师，望谟二中更是紧缺的时候，他虽是非师范类专业的建筑学理科生，但也果断选择了语文科目。在支教学校，他承担高一两个班114名学生的语文教学。因为自己不是专业的授课老师，所以他每堂课都需要用更多的时间来准备。白天，粘着有经验的老师请教，同事们的每个授课细节他都记在备课本的备忘录上；晚上，常常一个人在办公室备课到11点，跟高三的师生一起伴月而归；回到住处，还打开电脑，在网上学习优秀教师的教学视频。他认真教学备课、创新教学方法，根据实际情况因材施教，既做孩子们的语文老师，在三尺讲台上传道授业解惑；也做孩子们的大哥哥，跟孩子们

手拉手做朋友，深受学生喜爱，孩子们也亲切地称他为"老曾"。

不论是日常教学，抑或是公益扶贫，他都始终坚持服务大山的需要。教学上，学生作文方面薄弱，他就额外准备、单独补作文；文言文方面薄弱，他就从零开始，一个一个讲解知识点。所幸，他的付出得到了反馈。测试中，他教授的语文曾多次夺得全年级第一，一直稳居年级最前列。扶贫上，为了提供更准确的帮扶服务，他经常带领团队下乡村、去学校、进社区开展留守儿童调研，发现农村留守儿童在学习、生活、安全和心理等方面都存在问题，对少数民族而言，学习和心理问题显得尤为严重。于是，他带领团队实施"心馨留守"公益项目，为孩子们的心理健康教育提供需要的服务，开设的"心理团辅课""艺术体验课堂"和"四点半课堂"等主题活动定点实施了8期，有效帮助了望谟第四小学40名留守儿童的健康成长。"看到了孩子们开心的笑容，我们感到很欣慰，这也是我们的初衷"，曾祥钰在第5期户外拓展活动结束时如是说。

三、改变：影响大山的同时，自己也被大山改变

心中有阳光，脚下有力量。在南昌时，他也在想能为改变大山做点什么；来望谟后，他发现自己却被大山改变了。在这一年的志愿服务工作中，传道授业、扶贫扶智，从江西南昌到贵州望谟，从平凡人到志愿者，从大学生到小老师，他在望谟支教的日子里飞快成长、蜕变……

作为一名支教老师，除了正常的语文教学，课后他还经常跟孩子们讲大山外的故事，他设置的"课前三分钟""课后两分钟"等环节，通过看视频、赏图片、读文字、听广播和看新闻等方式在思想上带着孩子们"走出大山"，孩子们每天都能接收新信息和新知识，视野逐步拓宽，思想逐步解放，激发了他们不想"坐井观天"、不做"井底之蛙"的动力，并在潜移默化中让孩子们把这些动力转移到学习中，班上学生的成绩得到显著提高。

同时，作为一名支教志愿者，他除了日常的语文教学，还在团委负责日常工作和广播站建设，每天早上6：30起床早课，放学后处理社团的事情，每周两个晚课，有晚课的时候就要很晚才回到宿舍；此外，他也是支教团的队长，所以他的工作时间往往是"五加二、白加黑"的模式，上班时在团委做好日常工作，周末时定期组织公益扶贫活动；白天站好三尺讲台，晚上备好第二天的课……高强度的工作压力和巨大的独处经历，让他变得更加坚强，越来越自立。用他自己的话来说就是："与其说我影响大山，不如说是大山改变了我。

在望谟,这一年的锻炼,让我成长了许多。"

四、难忘:同甘共苦,建立深厚情谊

最清晰的脚印,往往印在最泥泞的道路上。来支教之前,亲朋好友为了打消他的念头都跟他说,这个地方条件很艰苦,没有电,没有水,交通泥泞不堪……但是来之后,他发现并不是这样。在望谟,天马山风景秀美、王母河清澈见底,俨然是一个民风淳朴、民族文化鲜明的布依族、苗族百姓的聚集地;在二中,除了坚守岗位,他还跟师生心手相连,同甘共苦。有一次,望谟下了一夜大雨,二中因为还是泥土操场,下雨后道路泥泞,有一段路因为水深更是无法通行,操场上挤满了人,几百人进退受阻。他正好去早课看到后就冒雨去疏通,同事过来叫他去躲一下雨,他谢绝好意,和同事一起拿桶装了一桶板砖铺在水上,让学生们踩着砖头通过。在服务学校,同事们也非常好客,无论是节日里的节庆祝贺,还是平常时的欢声笑语,总是给予他最好的关怀;在孩子们眼中,"老曾"就是他们的大哥哥,每逢节庆,总有学生偷偷地给他各种惊喜,让他感动不已。他常说:在望谟,我感受到了家的温暖和浓浓的亲情,这里的点点滴滴让我难以忘怀。当地老师感慨地说:"他不过是来支教一年的学生,却能这么认真负责,让我们由衷地敬佩。""老曾,你走那天我们一定会哭得一塌糊涂。"学生的话语虽然简单,但却深深地表达了他们之间的情谊和不舍,而这种情谊也深深地印在了他们彼此的心里。

回首青春,岁月流金。过去的一年里,在他的带领下,江西师范大学研究生支教团获得了2016年全国"最美支教团"称号;2017年5月4日,还荣获"江西青年五四奖章"集体奖;在望谟各界取得了较好的社会影响,望谟百姓亲切地称支教团为"江西的白求恩",用最质朴的方式表达了他们对支教团的感谢之情。

如今,曾祥钰为期一年的支教生活已经接近尾声。我们相信,在未来的时空长廊里,望谟一定会悠长地回响着曾祥钰和其他支教志愿者的响亮足音。

(江西省高等院校毕业生就业工作办公室供稿)

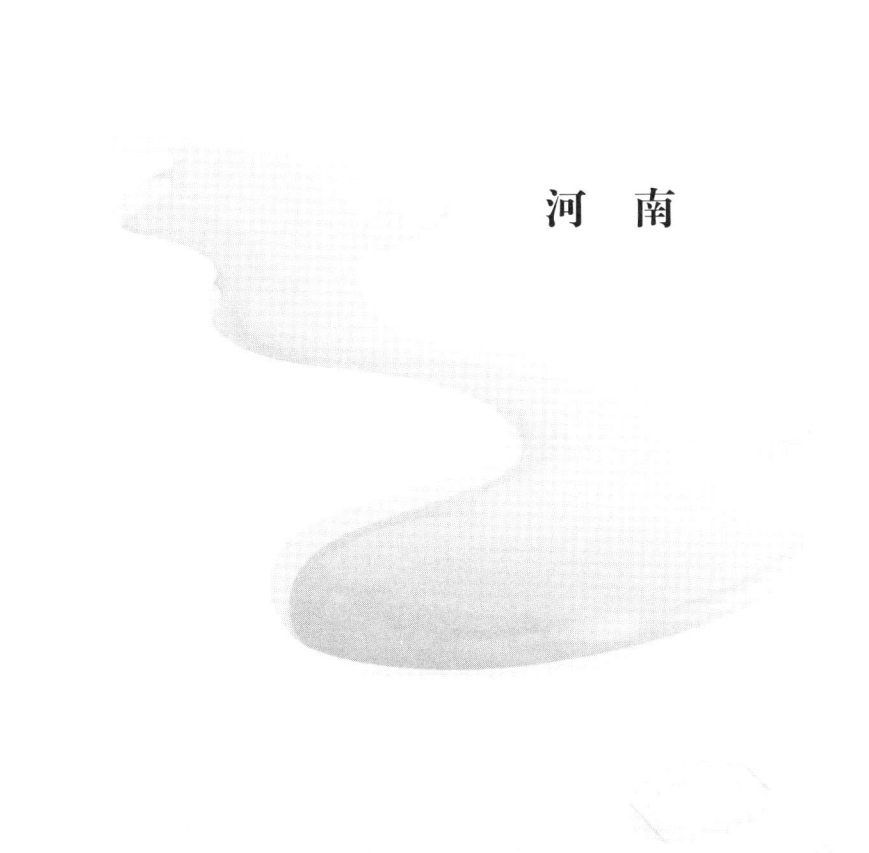

河　南

用信念铸就青春一往无前的勇气

——黄河科技学院宋广东事迹

岁月如歌,在正值青春的光影里,萦绕来自于心底的吟唱;生命如花,在熏风雨润的季节中,绽放绚烂多姿的色彩。清香布满,花开正好,如同青春梦想,在最好的岁月里应该把最好自己留在回忆中,继续一往无前地走下去,无悔当时、无悔青春。

2016年,本着践行当代大学生"到基层去、到西部去、到祖国最需要的地方去"的庄严承诺,我从河南郑州来到祖国最西的人间圣地——西藏。自大学入学以来,我一直以青年志愿者的身份帮助需要帮助的人,去周口市沈丘县支教,去做公益,纵使辛苦劳累,而每次看见他们的笑容,一切的艰辛都显得微不足道。所以大学毕业后,继续坚持着"志愿者"的身份,毅然选择了"西部计划"志愿者。如今在西藏服务已有一年半的时间,目前服务于西藏自治区拉萨市曲水县团县委,主要负责办公室的日常工作,虽然都是些繁杂琐碎的事务,但我已不断努力争取将其做到周全化、高效化、条理化。坚持践行严实志愿者的服务宗旨,以志愿者的信念不断鼓励自己,在工作中不怕困难、团结协作,较完满地完成了各项工作任务。在志愿服务期间,我着重做好如下工作:

一、认真学习,不断提高自身素质与服务能力

团县委办公室作为综合性的办公室,鉴于承担的工作职责较多,既要负责党团事务,也要负责共青团工作的上传下达以及各对口衔接事宜,所以十分琐碎,做起来千头万绪,这就要求办公室人员必须有较高的思想政治素质和业务水平才能胜任,否则工作起来就会无从下手,顾此失彼。我在工作的同时,认真学习相关文件精神,翻阅往年简报,大致了解熟悉,并且运用到具体的文字材料撰写中以及工作中。认真学习研读党的方针政策、重要讲话精神,认真实践"两学一做""一学一做"活动,并能够撰写学习笔记、学习心得,坚持志愿者的宗旨意识、培养鉴定不移的志愿服务信念,努力提高自身综合素质,积

极主动学习，完善自身，才能够为人民更好服务、出色服务。

二、正确定位、努力做好岗位本职工作

（一）日常工作

根据团县委办公室的具体日常工作，档案管理、信息收集、会议会务、活动准备、材料撰写等。结合自身岗位要求，积极做好公文收发登记，电话接听登记，并及时呈报领导阅示，然后按领导批示要求，做好相关具体工作；根据县委、县政府以及上级部门要求及时起草撰写文字材料；及时把办公室的信息材料认真分类归档；对重点青少年及特殊儿童群体进行关爱，为帮助他们走出困难尽自己一份力。

（二）精准扶贫和创新创业工作

精准扶贫是关系到国计民生的重要事情。对我单位对口扶贫户进行脱贫帮助，从下乡送物品到以业脱贫，从高海拔牧区到异地搬迁，在领导的帮助下，尽着自己的绵薄之力，到现在全部脱贫，每月去进行回访，真心去做实事。

在团委工作中，青年是生力军。而青年的创业就业工作是重中之重。从2016年8月到2018年3月份，我将全县青年创业项目整理入库，对在校大学生、待业大学生数据整理成册。全程参与拉萨市第二、三届青年创新创业大赛，组织的曲水县两届青年创新创业大赛也取得圆满成功，都能独立、系统化地处理这些事务。在后续活动中，深化青年就业培训、见习基地建设、创业小额贷款、青年创业带头人培养、融资租赁等工作。

三、践行践实,积极组织参加志愿活动

身为"西部计划"志愿者曲水县分队的队长,在做好本职工作的同时,能够积极策划、组织、参加相关的志愿服务活动,在 2016 年 8 月至今,共组织与参加志愿者活动 57 次。2016 年 8 月,组织全县志愿者参加民族团结月系列活动,结对帮扶贫困户的学生。2016 年 9 月在民族团结月中,我以志愿者的身份,进入到县中学为学生讲解本民族的系列知识,在一定意义上能够启发学生维护民族团结的意识。2017 年 4 月,通过申请、协调,组织我县西部计划志愿者免费参观布达拉宫,在志愿者间进行爱国思想宣传教育。2017 年 5 月,组织策划曲水县留藏、在岗志愿者的交流团建活动,以及自西部计划志愿者开展以来,所有留在我县志愿者的茶话会活动。2017 年 8 月,做好新志愿者的接待、分配岗位及培训学习工作,协助新老志愿者间的衔接工作和交流融合事宜,搞好新老志愿者之间的融洽亲和,利用曲水县志愿更好开展志愿服务活动,提高服务质量与服务能力。因为种种表现,得到项目办的肯定,2016 年以来,本人作为队长,协调好志愿者与团县委、服务单位之间的关系,协助号召项目办开展各项志愿服务活动,年中考核,也被评为优秀。我相信这是对我工作的肯定,也是对于我自身的鼓励与支持,但绝不是炫耀、骄傲的资本,相反这是一种动力,是我继续坚持、继续奉献,更好地服务的催动力。

宝剑锋从磨砺出,梅花香自苦寒来。因为这里特殊的区情、县情,单位科员的提拔、副书记的借调,单位办公室仅剩下 2016 届的我和一位 2017 年的新志愿者。在书记的领导下,年度预防青少年违法犯罪工作和年终考核中取得喜人的成绩。本人也于 2017 年 6 月分别荣获"西藏自治区大学生志愿服务西部计划西藏专项优秀志愿者""拉萨市大学生志愿服务西部计划西藏专项优秀志愿者"称号,2018 年 3 月荣获"曲水县 2017 年综治工作先进个人"称号。

一年半来的志愿服务,虽然有着艰辛和委屈,但没有后悔当初的选择,选择"西部计划"志愿者的身份,没有后悔选择西藏,因为我相信生活是不断的经历、青春是不断的绽放,只有经历,只有绽放,这才是青春应有的尝试、该有的姿态。无悔当初,勇往直前,哪怕有一天我不再是"西部计划"志愿者,我依然能够去奉献自己、帮助他人,以自己的能力能够使他人欢笑、舒心,这是一件功德无量的事情;纵然岁月流逝,纵使青春不再,曾经的岁月,

曾经的年纪,我很幸运地在最美好的时光中,做了一名志愿者。我相信,今后的生活中,一定能够记得那不能抹灭的八个字"奉献、有爱、互助、进步",一如既往、一往无前。

(河南省教育厅学生处供稿)

西藏高原上的 90 后

——中原工学院徐晨旭事迹

徐晨旭,男,生于 1994 年 12 月,2016 年毕业于中原工学院国际教育学院营销管理 124 班,共青团员,于 2016 年 7 月进藏,2016 年 7 月至 2017 年 9 月任西藏自治区林芝市察隅县古玉乡人民政府科员,2017 年 9 月至今任林芝市墨脱县背崩乡人民政府科员,在生活工作中立足工作岗位,恪尽职守、求真务实、开拓创新,把职业当事业来做,把职责当使命来看,勤勤恳恳、任劳任怨,能够出色地完成各项任务。

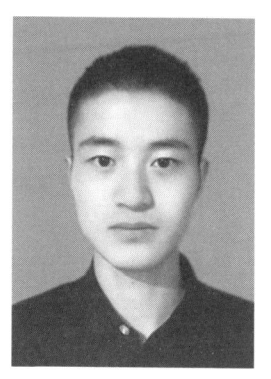

一、认真学习,勤于钻研,精通各项工作

"工欲善其事,必先利其器。"徐晨旭深知,只有勤于学习、勤于钻研,才能做一名合格的干部。一是努力提高自身政治素养。徐晨旭坚持认真学习党章,学习党的十八届三中、四中、五中、六中全会精神,党的十九大精神和西藏自治区九届三次全委会精神,中央八项规定,党的群众路线,习近平总书记系列重要讲话精神。学习时,能够做到理论联系实际,有的放矢。通过学习,使自己的理论水平和政治觉悟有很大提高,保持了旺盛的斗志,提高工作的活力,拓宽视野,为完成党组织交给的各项任务打下坚实的理论根基。二是努力提高业务知识能力。在繁杂的工作之余,徐晨旭始终坚持工作不懈怠,学习不放松,把学习作为提高素质和工作能力的重要途径,学习刑法、民法、行政法等各种法律法规,学习党和国家的方针政策、学习行政管理等知识,增强处理复杂性社会矛盾的能力。通过集中学习和自学,及时掌握各项政策,不断加强新时期把握大局的能力,力求提高自身素质,争作一名称职合格的基层干部,做到所负责的各项工作都能"一口清"。

二、求真务实,真抓实干,履行岗位职责

比尔·盖茨说过:"人可以不伟大,但不可以没有责任心。"在日常生

活和工作中，徐晨旭勤勤恳恳、踏踏实实，认真完成上级领导所交付的各项任务。

日常工作方面，作为一名年轻的基层公务员，对待工作他不敢有丝毫懈怠。徐晨旭要求自己方面做到：手勤，要多记笔记、多做记录，尽量把工作中的得失和每次出现的问题记下来以吸取经验教训；口勤，要多问，遇到疑难问题或工作中遇到困难就向老同志和有经验同志问；耳勤，多听取同事们提出的好的意见、建议，改进工作。不论是在日常的公文处理上还是突发情况的解决方式上，徐晨旭都能不断摸索进步，认真完成。

新建工作方面比较突出的一次就是参与组织民兵训练。2017年初，徐晨旭于古玉乡任人方面武干事，根据县委、县政府安排部署，为进一步提高村民固边收边保卫国家的能力，徐晨旭参与了乡政府组织的为期一周的民兵训练，涉及6个村40余人，通过军训、野外武装拉练等方式，大大提高了民兵自徐晨旭的作战能力。

三、严守底线，时刻警醒，做到清正廉洁

徐晨旭虽然身为共青团员，但他时刻以一个共产党员的标准严格要求自己，时刻保持清醒的头脑，具有较强的政治敏锐性和政治鉴别力。严格按照组织的要求严于律己，自觉加强自身的党性锻炼。能够严格遵守党的纪律和国家的法律、遵守单位的规章制度，没有违纪违法行为；在单位积极团结同志，同志间能和睦相处、工作协作配合；严格遵守党组议事规则，重大事项坚持请示汇报，按程序提交党组研究。自觉执行党风廉政建设的各项规章制度，严格执

行《准则》《条例》等纪律规定。严格要求自己，保持办事公正、廉洁，办事中没有不廉洁的行为。

四、吃苦耐劳，坚守边疆，继承老西藏精神

徐晨旭来到西藏工作是怀着对西藏的一种向往而来的，到达西藏之后，他发现自己的心理却有了很大的转变，怀揣着对 18 军的钦佩和敬仰，他们诠释了什么是真正意义上的"老西藏精神"：特别能吃苦、特别能战斗、特别能忍耐、特别能团结、特别能奉献。一代又一代人用自己的献血和汗水换来了这里的和平和发展，"缺氧不缺精神"是一代又一代西藏老前辈的口号。

墨脱县是一个十分神秘而又美丽的地方，作为中国最后一个通公路的地方，条件的艰苦和苛刻可想而知，交通落后、基础设施薄弱、经常断水断电和断网、自然灾害多。这里没有宽敞笔直的高速公路，没有高楼大厦，没有灯火通明，通公路之前，这里的唯一出行就是徒步。徐晨旭依稀记得当初进墨脱的时候，沙石公路蜿蜒曲折，悬崖峭壁没有护栏，公路的宽度勉强能够放下两辆车，每到一个转弯，都有跳车的冲动，如同生死轮回，不止一次想掉头回家。

现如今，看着这里的发展一天比一天好，老百姓的生活一天比一天富裕，公路在一点一点硬化，隧道在一点一点打通，电压一天比一天稳，生活用水一天比一天干净，通信网络于今年年初开通了 4G 等的时候，他觉得把自己的青春奉献在这片土地上是值得的、是有价值的。徐晨旭会继续继承弘扬"老西藏精神""老墨脱"精神，在西藏林芝墨脱这片土地上继续努力，为自己的人生创造更多的价值！

（河南省教育厅学生处供稿）

教育，是一场修行

——安阳师范学院任明杰事迹

任明杰，男，中共党员，1990年生，河南辉县人。2014年7月毕业于安阳师范学院商学院会计学专业，8月底考上特岗教师，于国家级贫困县封丘潘店镇大辛庄小学从教至今。

入职以来，面对乡村条件，我没有怨言，迅速调整状态，将其视为一种心灵的修行。

作为一个男生，生活上，面对斑驳的墙面，自己整理。没有菜，自己种；没有伙房，自己学做饭；没有馍，自己蒸；厕所没有标识牌，自己做；从2008年开始写日记，参加工作以来，用30万字和两万余张照片和数百个视频坚持记录乡村教育生活和工作的点滴。

工作上，面对留守儿童，将他们视为自己的孩子，每天放学后免费辅导孩子。虽然每天七节，教学任务重，但还是在晚上抽空去家访到八九点，和家长沟通。爱迟到的孩子就早上去家访叫她起床，帮助她改变不良习惯。课外、周末孩子在我房间看书、做手工、玩游戏，陪他们度过快乐的时光，一起培养感情，争取弥补孩子内心缺失的爱。

面对家长，以谦和的姿态和家长耐心沟通，共同克服孩子的不良习惯，争取到了家长的大力支持和对我的认可。2017年5月，有家长在班级群里说要送锦旗，被我婉言谢绝了。于是今年他们背着我私下自发联系，在2018年元旦期间，他们聚集在学生代表家里，讨论安排购买鲜花、定制锦旗，又借来锣鼓，联系校长准备摄像机，叮嘱早点到学校。元月1日那天，一位年过六旬的家长点着烟，在房间里反复修改书写感谢信，前前后后写了无数张大红纸，反复琢磨才终于写出了一副比较满意的。元月2日，全班学生家长为了不耽误上课，大清早老老少少顶着寒风，戴着口罩，穿着厚厚的衣服，自发聚集在学校门口，组织学生排好队形，敲锣打鼓，向我和校长授锦旗和鲜花，并让学生齐喊:"任老师,您辛苦了!我们永远爱你!"

锦旗因为种种原因没有提前拿到,所以在开学前的当晚九点多家长又驱车前往县城去取。虽然一些细节都是我事后从学生口中得知的,但这点点滴滴的恩情,我都记得!最后,宠辱不惊,不骄不躁,放平心态,以此共勉!

一、境由心生,慢慢也学会了调节自己,自己也把教育当成了一场修行

我是2014年8月底考上特岗的。特岗,就是要到边远艰苦的地方去,对此我心里早有准备。还记得刚到学校的第一天,我推开卧室的门,嚯,着实是艰苦。我住的地方,是一个只有12平方米的小房间,墙上有一块黑板,黑板上面凌乱地挂着一些电线,窗台上落着厚厚的一层灰,地上凌乱地摆放着一些简单的厨具。这里面唯一的新家具就是我要睡觉的那张床。

生活的环境固然不好,我心里却非常高兴。不过,绝对没有自虐倾向。我是从小就特别喜欢研究点东西,但是我上学期间呢,父母对我的家教又特别严,只要是与学习无关的事儿,都不让我做。所以,我从小就有一个梦想,想拥有一个自己独立的空间,里面放着自己喜欢使用的工具,可以做自己喜欢的事,可以写点自己喜欢的东西。现在工作了,独立的空间有了,这个梦想实现了,我满脑子想的是今天我能干啥、明天我能干啥,特别特别开心。

这期间,我学会了还原魔方,学会了做相册、剪纸,有时间练练书法,每天还坚持写日记,偶尔心血来潮写写古诗词,练练算盘,打打篮球、羽毛球和乒乓球,什么时候想吃好吃的了,就自己学着炸丸子、蒸馍、做花卷、做红烧肉。而且,我抽空还在校园了开辟了一块菜地。

教书、种地、做活计、研究美食,田园一般的生活。就像一首诗所说,"厌静还思喧,嫌喧又忆山。"自从心定后,无处不安然。这种心态也在潜移默化地熏陶着孩子的心性,就像陶行知所说:教育即生活,生活即教育。

除了刚开始乐此不疲的田园生活,我开始思考每天要干啥。白天上课,晚上吃过饭、备过课以后也没什么其他的事情,就想起了大学的时候看过同学买的那本《千字文》不错,于是在网上找到原文以后打印出来,每天晚上读读背背。后来,把它背完后,我又开始读《周易》。

读书之外,其余的时间还是都给了学生。因为是农村学校,学生家都在附近住,他们放学后会跟我下五子棋、下围棋或者去书架上找他们喜欢看的书,冬天的时候我们围着火炉烤花生吃,也经常有的学生会来找我辅导作业。

"龙德而隐者,不易乎世,不成乎名,遁世无闷,不见是而无闷。乐则行

之，忧则违之，确乎其不可拔！"这是《周易》中的一句话。我知道了境由心生，慢慢也学会了调节自己，自己也把教育当成了一场修行。

二、没想到，只是自己一个简单的生活记录，能打动那么多的人

抛开前面说的我喜欢的那么多事物、做的那么些个事儿不谈，其实我最大的爱好是摄影。到学校任教后，当然没有专业的相机，就是手机，镜头对到哪儿就拍到哪儿，一两年下来，就积累了大量的照片和视频素材。

我之前做了一个《特岗教师生活展》的美篇。就是把我在学校生活中拍摄的和被拍摄的照片串起来，配一些与当时相关的文字。当时觉得这里面有些欠缺的地方，可太晚了，就没有再修改，也没有发出来，只保存了一个草稿。

到了今年的 2 月份，那天要放寒假了，校长让我做一个美篇，我就把之前《特岗教师生活展》的美篇稍加修改发给了他，随后觉得名字不妥，于是改成了《特岗教师生活记录》，同时在我的一些群里也发了出去。

当时发过之后，没多长时间浏览量就上去了。我也没在意，只是在下午准备回家过年的时候，校长说这个美篇已经传到了封丘县教体局。

那天的六七点钟，我到老家辉县的时候，打开微信，发现辉县的很多朋友也开始转发到朋友圈了。当晚，这个美篇的浏览量就突破了五千。然后就一发不可收拾，传到了新乡、陕西、山西、甘肃……不知道攻陷了多少人的微信群和朋友圈，随后是看到很多人留言想加我的微信。我也很乐意分享积极阳光的生活，于是又公布了微信号，然后我的微信又被攻陷了。

然后是各大小微信公众号开始转发，人民日报、中国教师报、中国教育新闻网、河南省教育厅、河南共青团、河南教师……每天都能收到很多来自全国各地的教育同人发来的截图,有他们当地微信群转发的、朋友圈转发的、公众号转发的……没想到,只是自己一个简单的生活记录,能打动那么多的人。

在3月7日,我应邀在沪江集团旗下的"互加"平台做《乡村青年教师社会支持公益计划》开学典礼直播,观看人数破一万两千人,打破了直播观看人数纪录,获得了网友的全五星好评。之后收到来自全国各地的教师发来简书美篇观后感,表达了积极生活的愿望。

3月25日,河北省邯郸市猫演堡中心校校长携十余名学校来我校交流学习,并得到了当地电视台的报道。同时也引起了社会的广泛关注,《河南日报》《教育时报》也对我进行了采访报道,并且收到了来自全国各地的公益单位和个人为我校捐赠的图书、文具、电脑电视、善款和药品等累计1万余元,大大改善了教学条件。

三、我不是那个兴风作浪的人,我只是海岸上观看潮起潮落的人

后来,我又专门看了我发的这些内容,都是最平常的工作生活,也都是非常平淡的事儿,之所以能打动别人,引起共鸣,是因为这一切都来源于现实。我们不是经常说,往往最朴实的最真实的才是最能打动人的吗?

有很多老师加我的微信,他们跟我说最多的是一种职业的迷茫,不知道老师的出路在哪里,平常就是给学生上上课,感觉生活过得特别没意思。我只说我是一个享受过程的人,工作生活中一些特别细小的乐趣,我都能去发现。可能他们迷路的原因是因为缺少观察生活的敏感吧!

前段时间,我的几个朋友还问我,调侃地说:"任老师,采访下你现在是什么心情。爆红之后,网上这么大的风浪,有没有吹到风口浪尖上的那种感觉?"

我说,我不是那个兴风作浪的人,我只是海岸上观看潮起潮落的人。

(河南省教育厅学生处供稿)

湖　南

以身报国，逐梦南疆

——长沙医学院汤佛事迹

汤佛，男，汉族，中共党员，长沙医学院2017届毕业生，家境贫寒，在党和政府关怀下，顺利完成了高中和大学学业，这个知恩图报的95后青年，在大学期间致力公益，大学4年参加志愿服务活动158次，累计参加志愿服务时间达到1200小时，他是行走在公益路上的"校园大明星"，曾先后被评为"湖南省雷锋式青年志愿者""湖南省百佳大学生党员""湖南省直优秀团员""长沙市2015年十大最美公益社团人"等。通过学校推荐，新疆自治区委组织部选拔、考察，2017年7月，将赴南疆工作。

一、贫寒学子，在党的关怀中成长

2011年的3月，汤佛正在宁乡县玉潭中学读高一，一个意外打破了他平静的学习生活，他的父亲出了车祸。为了救父亲，全家花去了所有积蓄，还欠下二十多万元的债务。父亲从"鬼门关""抢"了一条命，可从此也失去了劳动能力。而为了照料父亲，汤佛的母亲只能在家务农，无法外出打工。而他还有一个弟弟。一家四口生活异常艰辛。

2011年暑假，对汤佛而言，注定终生难忘，因为他下学期的学费凑不齐，随时面临辍学。此时，汤佛高中母校宁乡县玉潭中学的老师曾有朋得知情况后，马上答应为他在9月开学后向宁乡县教育局申请每年2000元的普通高中国家助学金。汤佛家乡的村党支部得知情况后，村支书杨松武马上向东湖塘镇镇政府反映了他家的情况，镇上为他家申请到了城乡居民最低生活保障金（低保）。在党和政府的帮助下，汤佛完成了高中的学业，并在2013年考上了长沙医学院。

上大学是许多农村孩子的梦想，可近14000元的学费让他有了放弃的想法。就在此时，他的高中母校宁乡县玉潭中学的老师彭容辉找到了他。彭老师带着他来到宁乡县教育局，为他申请了6000元的国家生源地助学贷款。长沙慈善会在得知情况后，又给他送来了3000元的城乡低保家庭子女高等教育助学金。在各级政府的资助和帮助下，2013年9月，汤佛顺利走进了大学校园。

大学里，汤佛又先后3次由学校推荐获得国家一等助学金。大二至大四，汤佛又在长沙医学院学生资助中心老师的指导下，先后申请了3次国家生源地助学贷款。随着国家资助体系的完善，2014年，国家生源地助学贷款也由原来的最高可贷6000元增加到了最高可贷8000元，这极大减轻了汤佛学费上的压力。2017年6月，汤佛在各级党组织和政府的关怀下，完成了他在大学的学业，汤佛顺利毕业。

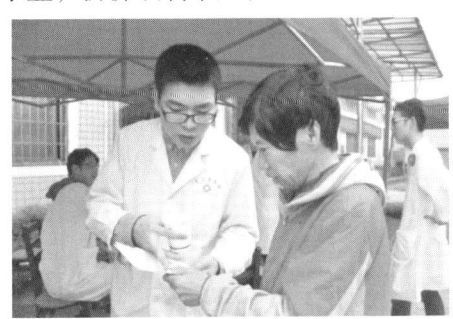

二、"公益"贯穿整个大学，一心只为报党恩

长沙市首届国际马拉松赛志愿者、长沙市第二届国际马拉松赛志愿者、湖南省首届青年志愿服务项目大众评审志愿者、北京希望马拉松湖南站志愿者、湖南省2016年基层医疗卫生单位专场招聘会志愿者、长沙市万名大学生环梅溪湖公益长跑活动志愿者、湖南3·5"万众学雷锋"志愿者、世界杯足球预选赛中国对战韩国志愿者、湖南省2017年大学生羽毛球赛志愿者……每当学校团委发布志愿活动公告时，汤佛总是会主动报名参加，学校组织的每一场大型志愿活动总能看到汤佛的影子。四年来，汤佛参加志愿服务活动158次，累计参加志愿服务时间达到1200小时，汤佛成了走在公益路上的"校园大明星"。汤佛的公益事迹先后被人民网、中国青年网、中国文明网、教育部中国大学生在线、红网、《大学生杂志》《湖南学生资助》等多家媒体报道。

为了让自己志愿的道路走得更远，汤佛还先后成为中国志愿服务联合会志愿者、中国青年志愿者协会志愿者、湖南省红十字会志愿者、湖南省网信办志愿者。汤佛还先后被国家旅游局评为"优秀志愿者"，被省委宣传部、团省委等评为"'三下乡'优秀志愿者"，被团中央、全国学联授予"中国大学生自强之星提名奖"，被省文明委、被省志工委评为"湖南省雷锋式青年志愿者"，被省教工委、省教育厅评为"湖南省百佳大学生党员",被省直团工委授予"湖南省直优秀团员",被团市委授予"长沙市 2015 年十大最美公益社团人"。

三、优秀学子,心系边疆

学习上,连续两年汤佛的综合测评成绩是本专业年级第一名。主持 2 项大学生德育课题,参与 2 项大学生德育课题,主持 1 项大学生创新性课题,参与 1 项大学生创新性课题,参与 1 项省希望工程课题。协助学校开发 6 个项目,在国家级、省级期刊发表学术论文 13 篇。

2016 年 9 月,新疆组织部来湖南选拔优秀毕业生,当时还没毕业的汤佛在学校就业办发布通知后就毫不犹豫报了名,由于当时未毕业,汤佛未能入选。

2017 年 3 月,汤佛得知学校又开始招录优秀毕业生前往南疆基层工作时,汤佛毫不犹豫放弃了留校工作的机会,又果断报了名。对于汤佛放弃留校去援疆的选择,周围的人很是不解,"他的家在长沙市宁乡县,如果留在他母校长沙医学院工作,他回家不过一个小时车程,而且不会有任何气候、习俗、工作环境的不适应"。

"'到西部去,到基层去,到祖国和人民最需要的地方去'。这是党和政府的号召,我希望能将自己的青春去挥洒在祖国最需要的地方,我愿意用自己的一生去建设美好祖国,去报效祖国"。面对周围人的疑惑汤佛这样回答。

四、心怀党恩,坚定选择

"我的一切是党给予的,我愿意把自己的全部包括生命贡献给祖国",在 2016 年 9 月第一次援疆报名后,2016 年 11 月,汤佛向中国红十字会登记了自己的信息,他承诺死后将人体全部的十二个"遗体器官"捐献,汤佛下定决心将自己"留"在新疆。

"为什么这么坚持去新疆?",这是很多人对汤佛问的问题。"为了感恩,没有党和政府的帮助,我们一家无法坚持到现在,我也无法上大学,我希望通过贡献自己回报党和政府"。

(湖南省大中专学校学生信息咨询与就业指导中心供稿)

用青春温暖藏区的孩子

——衡阳师范学院张红善事迹

张红善,青海人,衡阳师范学院外国语学院 2014 届毕业生,英语师范专业。

每个人都可能会有一个去西藏的梦想,可是又有多少人依旧没有实现。西藏位于中国青藏高原西南部,东北紧靠青海省,以其雄伟壮观、神奇瑰丽的自然风光闻名。它地域辽阔,地貌壮观、资源丰富。自古以来,这片土地上的人们创造了丰富灿烂的民族文化。

作为外国语学院为数不多的男生——张红善,也有着西藏梦,可是,他真的实现了,一直在这片热土上扎根。

一、到边疆去,到祖国最需要的地方去

2014 年,刚刚大学毕业的他,也有想过留在内地工作,但是,心里的那个理想却在不停告诉自己:梦想有大有小,而我的,应该是那个最平凡的——去服务藏区。于是,张红善毅然决定了放弃东部地区高职高薪的机会,把自己送到了西藏,那个最接近梦想的地方。45 个小时的火车,一路颠颠簸簸,窗外的景色从平原到盆地、从山地到高原,东部的那一片绿油油的景象也渐渐地消失不见了。终于到达了拉萨,接而转车去了昌都,昌都位于西藏自治区东部、澜沧江上游,是西藏自治区的东大门,气候温和湿润,是西藏为数不多的发展较好的区域。来到昌都之后,张红善服务于昌都市第四高级中学,做了一名普普通通的中学英语教师,现在是一群群藏族孩子眼中的"蒲公英",漂泊于此,扎根于此。

二、无悔的青春,无悔的梦

有人说,教师是世界上最伟大的职业之一,张红善就是其中的一位,从 2014 年到 2017 年,已经在西藏昌都工作了将近三年,带着一批批藏族孩子去认识这个世界,把自己的所学毫无保留地教给了他们。三年很累,三年可以改

变很多东西，可是改变不了他内心最真实的想法与理想，昌都平均海拔3500米以上，氧气不足，容易引起高原反应，但他还是坚持了下来，并且已经坚持了三年。

藏区是一个比较落后的地方，也许是因为张红善的幸运，西藏昌都已经不那么落后了，每年都有一批批的大学毕业生去藏区服务，西藏已经不再是原来那个落后与贫穷的代名词，而是一个希望与梦想并存的理想之地。

在工作上，张红善是一个认认真真、勤勤恳恳的人，在他工作的三年中，藏族的孩子们最喜欢的就是他的英语课。也许是英语这一门语言的缘故，无形之中散发着一种特殊的魅力，而这种魅力，更是在张红善的身上被无限放大，就算是很小很小的一件事，却能让学生们开心很久。每天做着教书育人这一种基层教育事业，无疑是平凡的，但是这种平凡已经深入到藏族学生们的心里，他们都相信，"有老师在，我们什么都不怕"。

在生活上，张红善说，他现在最想做的，就是把家安在这里，娶妻生子，教书育人。这里的天很蓝，环境很好，跟内地相比反而是更加优越一些，离校后就很少回过内地了，很多同学都留在了东部地区，可能很多人的生活过得比他好，但自己虽然工资不高，可是想到做着自己喜欢的事业，真的很开心、很满足。幸福有很多种定义，他的幸福非常特别。在基层扎根，过着自己想要的生活，无私地奉献自己。

去基层就业的同学大都是普通人，普通的毕业生，他们也有普通人对生活的需求与计划，去那边做的工作也是平凡的，没有太多的轰轰烈烈，潸然泪下。但是时间会让这些沉淀下来，从平凡变成不平凡。

三、对学弟学妹的寄语

张红善说："西部现在开发了，条件并没有比内地差，这边是一个很美的地方，蓝蓝的天空，淳朴的人儿。我在这里真的很开心，我这个工作虽然工资不是很高，但是很满足，因为有一份自己喜欢做的事业。在这边工作快三年了，曾经也有想放弃的念头，可是这也挺正常的，现在还是坚持了下来，并且想继续做下去。西部这边现在比较缺人才，外院的学弟学妹们其实可以大胆过来，没有什么好怕的，国家的政策现在也非常好，去西部工作是一个非常好的选择。我想，现在学弟学妹们一定要好好学习，多多参与学校的活动，抓住机会锻炼自己，成为自己想成为的那个人。最后，西藏欢迎你们，我在西藏昌都等你。"

明月出天山，苍茫云海间。长风几万里，吹度玉门关。西藏很远，可是它就在不远的西部等着你们。理想有很多种，还有一种叫服务西部，扎根西部，热爱西部。

（湖南省大中专学校学生信息咨询与就业指导中心供稿）

爱心服务基层，出彩教育人生

——衡阳师范学院杨梅事迹

我现是桃江县武潭镇中心学校的一名普通的乡镇历史教师兼班主任，于2013年6月毕业于衡阳师范学院教育科学系，2013年9月参加工作，至今已经整整3年了。在这3年的时间里，我把满腔的热血献给了我挚爱的孩子们，把勤劳和智慧融入这小小的三尺讲台，使这块儿沃土上的花儿茁壮成长，竞相绽放。下面，结合自身这3年的辛勤工作，谈一谈认识和体会。

一、激情满怀，无私奉献

我热爱自己的工作，如同热爱自己的生命。早在孩提时代，教师的圣洁和崇高品质就在我的心中根深蒂固。那时，我就在心中萌发了当一名人民教师的愿望。大学毕业后，梦想成真，我成为一名光荣的人民教师。站在神圣的讲台上，我不曾忘记自己的誓言，不曾动摇过这颗育人的拳拳之心。凭着这种对教育的赤诚之心和强烈的责任感，我在平凡的教学工作中永远保持着一种崇高的敬业精神、忘我的牺牲精神、无私的奉献精神。我告诉自己要用心地做教育中的每一件小事、耐心地处理班级里的每个问题、用全部的爱呵护着每一颗幼小的心灵。我播种阳光，收获了春天。学生才是我最好的荣誉证书。所以，我面对世人的不解不曾退却；面对众多的诱惑不曾动摇；面对雏鹰般跃跃欲飞的学生，我依然风里雨里、脚步坚定、豪情满怀！

二、率先垂范，身教感染

在教育学生时，我想"喊破嗓子，不如做出样子，要想正人，必先正己"。所以，无论是课上还是课下，我总是以自己的人格力量感染学生，注意自己点点滴滴言行的影响。我说的每一句话，做的每一件事都能严于律己、率先垂范。这几年来，我明显地感觉到：我的言谈举止，既处于学生最严格的监督之下，又处于时刻被学生效仿之中。所以，当我要求学生努力学习时，我首先做到了忘我的工作态度和刻苦钻研的精神；当我教育学生热爱劳动时，我没有指手画脚、拈轻怕重,而是和学生一起参与劳动的全过程;当我叮嘱学生遵守纪律时,我首先做到了遵守校纪班规……终于,有人主动弯腰拣废纸了;有人早晚主动开关电灯了;有人主动下课为学困生讲题了……当我表扬学生时,同学们的回答都是一样的:"我是跟你学的"。这句话震撼着我的心灵,我感觉到无比的欣慰与自豪。因为我从学生的身上看到了自己的影子,同时也验证了"言传身教、身行一例、胜似千言"的至理名言。

三、严爱相济,教书育人

班主任工作是一门艺术,只有严爱相济,才可赢得学生的信赖,走进孩子们的心灵,才能在教书的同时育人。管理班级琐碎繁冗的工作中,使我深深体会到:只有给学生的爱是发自内心的,才会让学生感受到爱,体会到被爱之乐,他们才会学着去爱别人。"金凤凰"要爱,"丑小鸭"更要爱。我喜欢优生,但不排斥学困生,对于暂时的学困生更是倾注了满腔爱心。我深深地懂得:学困生的自尊心是非常脆弱的。对他们,我总是像对待一朵玫瑰花上颤动欲滴的露珠一样格外小心,做到了多谈心、多家访、多帮助、多鼓励,并努力寻找和善于捕捉学困生身上的闪光点趁势表扬,促其发光。"上课提问多鼓励;课后辅导要耐心;犯了错误不急躁;错误严重不发火;屡次不改不灰心;问题不解决不撒手"。这是我转化学困生最深的体会。在关爱学困生的同时,我还兼顾着全体学生的发展。在教学中,我结合教材的难度和学生的实际水平,对不同层次学生设计了多种深度不一的教学方法,让尖子生吃饱、学困生接受得了、争取立足中等生,扶持差生、满足优生。

四、追求卓越,奋力翱翔

常言道:要给学生一杯水,自己要有一桶水。我深深体会到,在当今科研兴教,呼唤反思型教师、研究型教师的新形势下,作为一名青年教师,必须是不竭之泉，时时奔涌出清新的、闪烁着斑斓色彩的溪流。"路漫漫其修远兮，吾将上下而求索……"是我追求的境界。于是我坚持学习，以此提高自己的文化素质。教学中，我潜心钻研教材、反复研讨新课标、大量订阅教学刊物、坚持业务自学、认真做好笔记、广泛汲取营养、及时进行反思、转变教育观念、捕捉新的教学信息、勇于探索教育规律、大胆采用新的教学手段。我常向同科老师学习教学经验，借鉴优秀的教学方法，提高自己的教学能力和业务水平。同时积极参加各个公开研讨课，教学技能不断提高。在学校领导的亲切关怀和各位同事的热情帮助下，我的教学工作取得了较好的成绩：2014年指导的信息技术课件《错误》在镇第29届青少年科技创新大赛获得一等奖；2014年5月"新教师成长故事"征文获得县二等奖；2014年12月辅导的科学实践项目获县第三十届青少年创新大赛县一等奖、市级三等奖；2015年获镇优秀党员；2015年获镇优秀青年教师荣誉称号；2015年辅导的科学实践项目《关注生命创建平安社区》获得县二等奖；2016年《相守·教育》在"寻找最美"征文中获得县级二等奖；2016年在益阳市初中历史教师比武竞赛中，获得一等奖。

"路漫漫其修远兮，吾将上下而求索……"是我追求的境界。作为一名教育工作者，我丝毫没有懈怠，也不敢懈怠，我深知后面的路还很长。在今后的教育教学工作中，我将立足实际，认真搞好教学，创造性地开展学校的教育教学、教改科研工作，在教育这片田园里勤奋耕耘、积极探索，奉献我无悔的青春。我坚信"痴心一片终不悔，只为桃李竞相开"，只要辛勤耕耘、挥洒汗水。一定能做一名优秀的人民教师，让桃李香满天下！

（湖南省大中专学校学生信息咨询与就业指导中心供稿）

广 西

服务基层,点点滴滴显真情

——钦州学院黄仁有事迹

黄仁有,男,共青团员,2015年6月毕业于钦州学院海洋学院海洋科学专业。2015年4月参加广西公务员笔试,同年7月参加公务员面试,以所考职位总分第一的成绩被录取成为一名国家公务员,工作单位在广西贺州市昭平县富罗镇人民政府。

一、让青春之花绽放在祖国最需要的地方

在学校读书期间,黄仁有同学始终严格要求自己,特别是在担任班级的纪律委员期间,从来都是不迟到、不早退,同时严格要求其他同学遵守纪律,努力做好监督工作,受到了老师同学们的好评。大四期间,与其他同学一样,黄仁有同学也面临着是继续考研还是毕业后找工作的选择,经过一番思考,他选择了后者。

习近平总书记曾经说道:"好儿女志在四方,有志者奋斗无悔。希望越来越多的青年人到基层和人民中去建功立业,让青春之花绽放在祖国最需要的地方,在实现中国梦的伟大实践中书写别样精彩的人生。"黄仁有同学听了习近平总书记的勉励,深受触动和鼓舞,于是积极响应国家号召,怀着执着的理想,报考了贺州市一个国定级贫困县乡镇政府,决心奔赴条件艰苦的西部地区,扎根基层建功立业。

抱着这样的一个想法,他努力看书,和宿舍里志同道合的同学一起考公务

员。每当看到宿舍的其他同学玩着游戏、出去逛街、约会等，他心里也想这么做，但他知道这样不行，自己的目标还没完成，梦想还没实现，所以他告诫自己要抵制住各种诱惑，能耐得住寂寞，不能让自己的努力付之东流。他每天晚上吃饱饭洗好澡就去图书馆看书，因为他知道在图书馆里看书的人都是一群有梦想的人，与他们在一起看书可以给自己信心，让自己感觉自己并不是一个人在奋斗，每个人都在为自己的梦想而努力着奋斗着。他几乎每天晚上看书都看得很晚，十一二点是很正常的事，整个图书馆经常是他一个人走得最晚，但他并不害怕，因为有梦想让他无所畏惧。

就这样，坚持了三四个月，直到2015年4月参加广西公务员笔试，同年7月参加公务员面试，他终于以所考职位总分第一的成绩有幸成为一名国家公务员。

二、到基层和人民中去建功立业

在工作岗位上，他从一名乡镇党政办干部做起，认真做好党政办日常工作，收发邮件、办公拟文、传达通知、复印材料、会议会务布置、餐桌礼仪、接待群众、端茶倒水、打扫卫生、接听电话、撰写简单的文件报告和材料汇报、后勤琐事等一系列工作，他从简单的事情做起，认真踏实做好每一件事。在乡镇基层工作，特别是在党政办，晚上加班是家常便饭，基本上都是加班到十一二点，有时为了某项重要工作，还要办公室人员集体加班到深夜一两点都是很正常的事，并不是外人所看来的公务员很轻松的工作状态，因此在基层工作是很辛苦的，很能磨炼人的意志。所以在基层工作就要有吃苦耐劳的思想准备，来基层并不是来享福的，而是来建功立业的。他为了增强工作能力，积极主动接受多岗位锻炼，纪检监察、武装、综治、信访、维稳、应急、"美丽广西"乡村建设、旅游、公共节能等工作，他均有涉及，在一年多的时间里，由于领导的认可和信任，职务也从一名党政办干部到武装部副部长，再到乡村办主任。由于工作能力突出，他多次受到领导和同事的认可和好评，领导也放心地把工作交给他，他任劳任怨，从不抱怨，因为他知道领导把工作交给他做，是对他的信任和认可。

三、依靠学习走向未来，依靠自律坚守底线

习总书记指出："依靠学习走向未来"，"好学才能上进"。工作之余，他自觉加强理论学习，努力提高政治素养，不断提高政治理论水平。他积极向党

组织靠拢，认真学习"两学一做"的精神内涵，进一步增强"四个意识"，认真学习中央八项规定精神、《中国共产党廉洁自律准则》《中国共产党纪律处分条例》等党内法规，坚定正确的政治方向。他在工作中始终坚持理论联系实际、求真务实的优良作风，经常下村与人民群众打交道，宣传党委政府在农村的各项政策，认真地为寻求帮助的农民群众提供咨询解答。他将理论和政策融到工作中，在开展精准扶贫等工作时，将各项惠民政策及时全面地向农民群众解释。

黄仁有清楚地知道，作为一名国家公务员，就要做到清正廉洁、秉公办事、不徇私情、尽职尽责；严格遵守法纪，不受贿、不贪污和以权谋私等；反对形式主义、官僚主义、享乐主义、奢靡之风，主动为基层着想，积极向广大服务对象提供优质的服务，艰苦奋斗、勤俭节约，反对庸俗作风和腐败堕落行为；作为国家公务员，要牢固树立正确的"权力观"，无论在什么岗位工作，都要把手中的权力作为为民谋利的责任，从党和人民的利益出发谋发展、作决策、抓落实。

（广西壮族自治区高等学校毕业生就业指导中心供稿）

信念在岁月中成长,青春在奉献中闪光

——广西国际商务职业技术学院韦雨明事迹

韦雨明,男,2015年7月毕业于广西国际商务职业技术学院财会金融系涉外会计专业,2015年8月参加西部计划志愿者,现服务于共青团广西贵港市港南区委员会。服务期间,先后获得全国大学生西部计划志愿者银章、"广西优秀共青团员""贵港市优秀共青团员"、贵港市首届最美志愿者、"港南区优秀共青团员"等荣誉称号。

一、不忘初心 筑梦西部

2012年9月,韦雨明踏入大学校园之际,正值学校开展毕业生就业典型事迹宣传活动,学长、学姐们投身西藏、青海、广西等地建设家乡的事迹让他心潮澎湃,于是,在心底悄然埋下投身西部建设的火种。在大学期间他积极参加社会实践,担任校学生会主席期间,成功组织多项大型校园活动,积累了丰富的社会实践经验,为服务西部建设工作打下坚实的基础,毕业前夕他毅然放弃留在首府南宁高薪发展的机会,报名参加西部计划志愿者。

2015年8月,怀揣着梦想和希望,他来到广西贵港市港南区,开始了西部计划之旅。背井离乡的陌生环境让他心里有些许忐忑,但是既然选择了远方,便只顾风雨兼程。他说这里是他人生的起点,也将是他快乐的源泉。

二、踏实做事 诚恳做人

"非学无以广才,非志无以学成"。大学生涯的结束并不意味着学习生涯的结束,恰恰相反,正是人生另一段学习生涯的开始。他把在学业上的学习转变为一种生活方式后,很快融入了新单位的工作,面对同事们的热情关怀,他回报予热忱的服务态度像海绵一样,最大程度地多听、多学、多做,很快适应了新岗位工作。从基础的接听来访电话,文件的上传下达到团委工作的开展,单位的办公室、财务、预防青少年违法犯罪、宣传及其他临时性业务工作,从开始的不懂不会，到了解熟练甚至一肩挑，在这个岗位上，虽然工作繁杂琐碎，但他积极主动争取锻炼机会，遇到困难主动向领导同事请教，在较短的时间内便熟悉了工作，明确了思路，出色完成领导安排的各项工作。

三、开拓创新　砥砺前行

在基层单位的志愿服务工作中，韦雨明对志愿服务有了新的理解和认识，有时候志愿服务不是一定要多么轰轰烈烈、惊天动地，而是在一件件平凡的小事中默默坚守、奉献自我，不忘初心，牢记使命，勇于担当，开拓创新。

（一）弘扬主旋律　传递正能量

韦雨明平日认真学习贯彻党的十九大精神，围绕习近平新时代中国特色社会主义思想主线，积极利用网络新媒体向广大青年宣传党的各项方针政策以及青年工作的新观点、新论断、新要求；积极参与网络文明志愿活动，构建清朗网络空间，在共青团网站、微博、微信公众号、微邦，青年之声等新媒体平台上，做好网上正能量传递，强化网络舆论引导。他接管新媒体以来，共更新共青团信息达3000多条，阅读人数超过30万。

（二）热心公益　为梦筑桥

韦雨明积极配合单位组织各级团队和社会爱心企业人士参与"希望工程·圆梦行动"公益助学活动，筹集捐款9万多元，帮助了28名贫困大学新生圆梦大学；通过协助单位开展"青春扶贫·助力成长""情暖童心""一个阅览室·一支小牙刷""捐一本好书，圆一个梦想"等活动，先后给500多名留守儿童、贫困青少年送去文具、卫生护理小套装、慰问金等；为6所学校捐赠文体用品和书籍一批，促进均衡教育发展。

（三）立足青年　服务青年

韦雨明积极引导广大青年践行社会主义核心价值观，通过新媒体等网络工具多途径、多层次地组织本地青年志愿者开展志愿服务，做到常态化，持续化。在夯实青年志愿者队伍的基础上，组织团员青年们开展了"让温暖一起回家—团干部集中服务青年月""青春扶贫·助春耕促生产""情暖贫困户·助力脱贫攻坚"等十余场青春扶贫志愿服务活动。通过配合单位组织共建单位团组织积极参与区域化团建工作，共建单位团组织分别轮值每月5日的"学雷锋便民志愿服务岗"模式，开展便民志愿服务，为群众提供家电维修、义诊、理发、眼镜维修清洗、就业信息服务、文明交通劝导等，为广大群众提供方便和帮助。港南区青年志愿者在2017年共开展志愿服务活动30多次，参与志愿服务人数达 8000 多人次,直接受益群众 5 万多人。广大青年志愿者的良好形象和优质的服务得到了党委、政府和社会各界的认可和好评。

韦雨明还积极配合单位开展"青少年倾听日""共青团与人大代表与政协委员面对面"活动,研究探讨预防青年违法犯罪工作,进一步做好青少年思想教育工作;积极协调相关部门,深入全区中小学校、汽车站、社区开展"以青春的名义·传递正能量"预防校园欺凌、"关爱明天·普法先行"等法制宣传活动。通过板报、橱窗、电视广播大力宣传《预防未成年人犯罪法》《未成年人保护法》等知识,引导青少年争做"小小法制宣传员",增强了法制观念,进一步提高了全区青少年的维权意识;以学习宣传党的十九大精神为主线,组织各中小学团队抓住重大节日、纪念日为契机以主题班队会、演讲比赛等形式开展了"我向习爷爷说句心里话"主题征文,"童心向党·喜迎十九大"六一系列活动,"青春喜迎十九大·不忘初心跟党走"演讲比赛,"学习十九大·创造新辉煌"十九大报告暨团务知识竞赛,"研读十九大·贵港青年话使命"等系列主题活动。帮助青少年树立健康的思想道德意识,为港南区青少年创造良好的健康成长环境,有效地预防和减少了青少年违法犯罪问题的发生。

韦雨明严格落实"1+100"团干部直接联系青年工作制度,组织全区 9 个乡镇 185 名专兼职团干部利用"1+100"系统与 26487 名团员青年建立联系,加强团青交流,形成"互联网+共青团"工作格局。全区"1+100"直接联系青年工作成绩突出,在全市中排名前列。

四、奋斗青春 无悔奉献

韦雨明说,以前身边的亲戚朋友不理解、不支持他做志愿者的决定,在他们看来,毕业后放弃在城市工作的机会而选择去乡镇进行志愿服务很傻,但是他无悔这样的选择,这也是他的梦想。韦雨明用普通、平凡、努力、真诚、奉献诠释着他的志愿者生活,在平凡的岗位上,用最好的精神状态去做好工作中的每一件事,用最真情的心去对待身边的每一个人。他作为西部志愿者,身体力行诠释了奉献、友爱、互助、进步的志愿者服务精神,用自己的行动展现了当代大学生关怀社会,关心农村的高尚品格,实现了志愿者的人生观和价值观,实现了自己对社会的承诺,用青春谱写属于自己的"中国梦"。

(广西壮族自治区高等学校毕业生就业指导中心供稿)

干好每件事,做一个无怨无悔的人

——钦州学院乃玄事迹

乃玄,靖西人,是钦州学院海洋学院2015届毕业生。2015年9月进入靖西市民政局办公室工作,现为办公室秘书。在工作和生活中,严格要求自己,坚持以提高自身素质和能力为基础,兢兢业业做事、老老实实做人,尽职尽责、任劳任怨,较好地完成了各项工作任务。

一、孜孜不倦抓学习

要做好文秘工作,既要有较强的理论功底,又要深刻理解党的方针政策和上级工作部署的精神实质。为做好本职工作乃玄平时总是手不释卷,或研读理论著作或细阅上级文件或翻读报刊文章。无论上班时间还是节假日值班,别人谈天说地、打牌消遣,她从不参与。她说,不学习头脑中就会没有货,空空如也,材料就写不好。在先进性教育活动中,作为办公室秘书,既要当好参谋,又要指导工作,还要撰写大量的文字材料。这不仅仅是完成学习计划而已,为了工作能够得心应手,她严格要求自己学得更深、更透。

二、兢兢业业做工作

爬格子辛苦,有时真有嚼烂笔头的味道。乃玄要完成民政局大部分文字工作,例如行文、总结、文章、典型材料以及每年几十篇报道文章,为写好这些材料,晚上加班至深夜是常有的。同事经常见她傍晚抱一堆材料回家,第二天上班又抱回来。写材料认认真真、字斟句酌,对稿仔仔细细,不放过一个标点符号。来客接待、环境卫生、水电花木管理等机关内部事务既繁杂又繁重。她总是见事做事、见事管事、见事理事,天天忙得像陀螺似的。在先进性教育活动中,记录、发文、工作检查落实、收集典型材料、编印简报、报道、总结,承担了大量事务性和文字工作。对工作高度负责,踏踏实实、尽职尽责做好每一件事,这就是她的作风。

三、诚诚恳恳搞服务

　　办公室工作重在服务，服务中心工作、服务大局、服务各行各业、服务人民群众。由于是年轻的小姑娘，主任有意培养，上下工作协调、落实领导交办的工作、上情下达、下情上传等服务性工作大多是由她完成的。搞好来客接待是一项重要的服务工作，既要做到节俭，又要让来客满意，是不容易的。她具有很强的原则性，用烟用酒、派餐标准都能坚持按制度办，既不越规，又不误事。桌前桌后忙服务，而她本人常是客人走后才草草填饱肚子。办公室也是一个服务群众的窗口。群众来盖个章，只要情况属实，符合条件她能立时办理；群众来问个事，她能耐心地给个答复；群众反映问题，她总是和和气气地接待；群众找有关部门办事，她给指引；办事人不在，她会帮着联系。一位城市低保户，由于申请迟迟未有回复，前来询问进展，她问明情况后马上与相关部门联系，询问进度，并做好解释工作。办公室工作不显山露水，办公室工作人员常处于幕后，要耐得住寂寞、守得住清贫，不心浮气躁，有甘于奉献的精神。这些在乃玄身上得到了很好的体现。

　　一年365天，320多天她都坚守在自己的岗位上，守着一部电话机，默默无闻看书写材料，不张扬、不轻浮。她吃得苦、重实干。有的人贪图享受，她却是一个勤快人，手勤、腿勤、口勤、脑勤，整天闲不住，诚诚恳恳做事、实实在在做人，从不计较个人得失。

　　她常说："干好每件事，做一个无怨无悔的人。"

（广西壮族自治区高等学校毕业生就业指导中心供稿）

四 川

青春是用来奋斗的

——电子科技大学谈凌峰事迹

谈凌峰，男，江苏盐城人，电子科技大学光电信息学院光电工程与光通信专业2009级本科生。在校期间曾任校学生会秘书处副部长、光电学院1050班班长等职务。参加过校英语协会等社团。

一、向下扎根，汲取养料

2013年本科毕业时，谈凌峰抱着投身基层、回报家乡的想法，参加了江苏省委组织部面向全国招考的选调生考试，并以报考职位笔试第一、面试第一的成绩通过考试，选调至家乡江苏盐城工作，成为一名基层公务员。

初到盐城市大丰区，谈凌峰接受组织安排，到大丰经济开发区工作。在2年内他历经司法所、电子信息产业园办公室、开发区党政办等多个岗位锻炼，"在基层长了一番见识"。

在电子信息产业园区工作时，他打交道最多的是污水处理厂。由于园区许多企业生产电子元件和线路板，它们排出的污水含有大量重金属，如果处理不好整个园区就会陷入瘫痪；万一发生泄露，周边的农田就全都毁了。为此，他每天都会在园区巡察污水管网、污水处理池的工作情况，积极邀请环保部门对污水质量进行检验。

"2014年初，园区主任带着我们三天两头往省环保局、省发改委等部门跑，就是为了申请环保产业相关政策资金，把污水处理厂办好。"最终，他们成功争取到530多万元环保产业相关扶持资金，有效促进了整个园区治污能力的提升。

在开发区党政办召集的一次选举工作部署会议上，他发现部分选区的选民登记工作出现滞后状况。当时，开发区党工委副书记急得拍桌子，说："人大代表选举是宪法赋予人民的权力，你们有什么资格拖延、糊弄老百姓？不给选民进行登记是违法行为!"

对此,谈凌峰深深感慨,"在当公务员以前没有经历过服务企业、服务社区和农村,现在才知道这里面有太多需要我们为老百姓服务的地方,有些事情我们不做谁做?"

二、成为团干,探寻阳光

2015年,谈凌峰来到大丰团区委工作,成为一名团干部。先后负责了农村青年部、新媒体部的工作。

在此期间,他按照团区委提出的"四进四联"工作要求,深入全区12个乡镇,走访20多个企业及农业合作社、7所学校,总计联系了100多名青年。他走访的对象真可谓五花八门:开小吃摊的聋哑夫妇、退伍的天安门卫兵、港口模范工人、救人不留名的"活雷锋"、白手起家的创业者、照顾瘫痪婆婆十年如一日的好媳妇……

为了将走访中发现的青年故事分享给大家,谈凌峰在团区委微信平台开辟了一栏"大丰青春故事汇",每周挑选一个典型事例,将他们的事迹发到微信公众号上;联合高欣传媒有限公司制作了《抬起头看见爱》等6期微视频、微电影;为了扩大宣传的渠道,他还利用"今日头条"新闻平台推广这些故事。

在谈凌峰负责新媒体运营期间,大丰团区委的微信公众号、微博、今日头条新闻等平台3个月累计获10万多点击量,有效推动了共青团新媒体工作发展。2016年,共青团盐城市委将他派到井冈山青年干部学院,参加全国团干部新媒体培训班。

三、向上攀登,朝阳成长

2015年9月,江苏省农业合作洽谈会在盐城举办,谈凌峰作为优秀基层团干被抽调至盐城团市委农村青年工作部,协助洽谈会中"青年涉农产业展览馆"的建设服务工作。从场馆前期设计,到入驻项目的确立、布置,现场搭建和设备调试,直到最终活动中场馆的运营,他在所有环节都活跃在第一线,将场馆的方方面面都经营得非常顺利。

同年12月,"创青春"全国青年创新创业大赛(农业组)在江苏盐城举行。谈凌峰全程服务了大赛全部赛事的方案设计和赛事组织,接待了来自团省委、团中央和省、市的相关领导,直接服务了来自全国各地150多个团队、共

500多名创业青年；编撰大赛前、中、后各类文稿制作成册，为盐城青年创业工作留下一笔宝贵的财富。

2016年下半年，谈凌峰被正式调入盐城团市委农村青年部工作。经过他和领导、同事的积极申报，盐城团市委获得了全国"保护母亲河"优秀组织奖表彰；今年又获得团中央"丰田资助项目"给予的10万元湿地生态环保项目经费。"将这10万元用好可不容易，盐城市是江苏省地域面积最大的地级市，拥有江苏最长的海岸线，最丰富的湿地滩涂资源，覆盖9个县市区，我们要做的太多了！"最近，他正在考虑新一轮湿地环保项目的实施计划。

2015年、2016年谈凌峰连续获得"大丰区优秀团干""盐城市优秀团干"荣誉称号。在工作之余，他也不忘通过多方面不断提升自己。"最近在自学日语，已经通过了N3级别的考试，打算今年报考N1。过几年想去日本，旅游甚至留学都有可能。"

当被问及到基层就业这几年的感悟，谈凌峰说："青春多种多样，去基层一样能绽放光彩啊！"

（四川省普通高等学校学生信息咨询与就业指导服务中心供稿）

行走在高山羌乡里的"白衣天使"

——成都医学院罗扎事迹

一

罗扎每月下乡4次。

自2016年2月参加工作,不到一年时间里,罗扎和自己的小伙伴已40次翻山越岭,走遍了自己所在乡卫生院管辖的5个羌族村寨,为散落在深山各处的1000多名羌族群众送去医药、传播健康知识。

罗扎,藏族,毕业于成都医学院,作为四川省首批免费医学定向生,毕业后他回到了家乡——四川省阿坝藏族羌族自治州理县蒲溪乡,成为乡卫生院的一名基层医生。

罗扎本想做一名教师,考大学时,由于父亲坚持,他报考了成都医学院临床医学免费定向生。他有些不情愿地踏进了成都医学院,但3年学习,却让他喜欢上了医学,成为免费定向班的班长,而且他知道了——家乡需要他这样的大学生。

二

2017年1月6日上午9点左右。

当记者赶到位于一条峡谷里的蒲溪乡卫生院时,罗扎和卫生院5名医护人员正站在大门口。因为停电,很多工作做不了,24岁的院长邓云琴临时决定,去山顶的休溪村巡诊,随访慢病病人,进行健康教育,给大骨节病人送去免费药品。

由于蒲溪乡人口不多,近年来交通也更加便利,到乡卫生院看病的群众并不多,乡卫生院的主业转变为公共卫生服务:如地区病、流行病、慢病等预防和控制,妇幼保健,健康体检和教育,新型农村合作医疗管理等,所以下乡巡诊成为工作常态。

挎着药箱、拎着药包、抱着宣传册,罗扎他们准备出发。一位妇女走进院子，手里拿着厚厚一叠纸，拦住了罗扎一行。她是半山腰的蒲溪村人，患有癫痫病的儿子刚从成都某医院出院，她急匆匆赶来咨询费用报销。罗扎和小伙伴仔细看了资料，结合政策一一解答。

"你们要走哇?"还没走出大门，另一位蒲溪村村民韩红英挡住了罗扎。前一天，罗扎下乡蒲溪村，韩红英儿子感冒了，由于没有带药，他叮嘱韩红英尽快下山取药。放下东西，罗扎赶紧在药房取了药，向韩红英仔细说明了用法，叮嘱她如不见好转，就给他打电话。

三

2017年1月6日上午9点30分左右。

一位同事留守，罗扎和院长邓云琴一行5人终于向休溪村出发了。小车沿着山谷里曲曲折折的山路，向深谷深处开去，一路上尽是草木凋零的黄色。突然，车头拱起，爬上了一段陡峭狭窄的盘山路，车子不断地左转、右转，把人晃得有些晕乎。

晕乎中，看到一片开阔的土坝和一座木头牌坊。缓慢爬行30多分钟，终于到了目的地——一个坐落在深山顶上的羌族村寨。

四

2017年1月6日上午10点左右。

太阳还没有照到山村，天气很冷。下车后，众人不断跺脚、搓手、嘴里嘻嘻呼呼的，拎着药包、抱着资料，向村医王桃香家走去。

休溪村是罗扎定点联系的村寨，有300多村民。因为来过多次，一路上罗扎不断地向村民打着招呼。

王桃香热情地把众人迎进院子，找来柴火，赶紧升起一个大火盆。映着熊熊篝火，罗扎一行和王桃香商量起了巡诊。

在回到家乡做乡村医生后，罗扎感受到了在成都医学院3年大学学习是多么重要："在大学的学习，树立起了良好的健康观和医疗观，学到了基本医疗技能，还开阔了视野，提升了交流能力，这些让自己顺利适应了工作，得到了群众的认可。"

五

2017年1月6日上午10点30分左右。

罗扎一行走进了74岁老人王秋芝的家。老人患有高血压，是罗扎他们巡诊的重点。

今天，罗扎和小伙伴要随访村里9位患有高血压的老人，测量血压并记录下来，询问日常饮食起居并提出建议，指导降血压药的使用。

"降压药要按时吃，不能停的，停了血压就要升高，"罗扎凑近王秋芝老人，大声而缓慢地说着。也许是语言不通，老人只是"啊啊"地应着声，并不太明白。罗扎拉过老人的儿子，一边在药盒上写用法，一边叮嘱："一天一次，一次一片，降血压的，记得给老人吃药！我们随时来访。"

对罗扎他们来说，最困难的是村寨群众的"从医性"不高，健康意识不强，身体即使有了疾患，会一直拖，直到拖不过了才求医。有时候，群众也不会把罗扎这些"小医生"的医嘱当回事。

"现在有新型农村合作医疗，看病可以报销的，花不了多少钱，"罗扎会向群众宣讲合作医疗报销政策，打消群众看病花大钱的认识误区。当然，更重要的是，罗扎和小伙伴会一次次、一遍遍不厌其烦地向群众宣讲各种健康知识，提醒日常生活的各种不良习惯和方式。

六

2017年1月6日上午12点30分左右。

两个多小时里，罗扎和小伙伴在村寨里上上下下，左右绕走，一家家走访，终于给9位高血压老人测了血压、听了心音，记录在一个小册上，也给4位大骨节病患者送去了药物。

冬日暖阳照进小村，罗扎一行在一处向阳的院坝里歇了下来。巡诊就是这样平淡，没有惊天动地，只有不断地熟悉和交流，当成为群众认可的亲人时，罗扎的健康建议就会流入群众的心间，改变就会发生。看到小小的改变，罗扎总会悠然升起一股自豪。

不过，巡诊的劳累、过了饭点、顶风冒雨，那是常事，但淳朴的羌族群众总让罗扎感动。

2016年6月的一天，罗扎上山巡诊蒲溪村时，碰上了一场大雨。大雨让小车熄了火，罗扎和小伙伴们顶着大雨推车。没想到，寨子里的群众自发赶过来，帮着把车推进了寨子，一些群众把湿透的他们拉进家里，找出干净的衣服，让他们换上。穿上干衣，看着大雨，罗扎的心感动而温暖。

正是这些成就和感动，让罗扎的心很静——他属于这里的大山，大山里的群众也需要他。

（四川省普通高等学校学生信息咨询与就业指导服务中心供稿）

青春因付出而美丽，人生因梦想而精彩

——四川职业技术学院庄永春事迹

庄永春，女，中共党员，2015年6月毕业于四川职业技术学院数学教育专业，在校期间曾参加全国高等教育自学考试并于毕业当年12月取得了西华师范大学本科学历。在校期间，曾担任四川职业技术学院应用数学与经济系学习部部长、12级数学教育1班团支书、班长，曾获"国家励志奖学金""四川省优秀毕业生""四川职业技术学院优秀学生干部""四川职业技术学院一等奖学金""四川职业技术学院三好生"等荣誉。

青春，简单的两个字，但它却是人生中最美好的字眼。提起青春，人们不吝用绚丽的语言来描述它，用火热的行动来实践它。青春，往往与繁华的都市联系在一起。在浮躁的城市中，有些人在物欲横流中奔波，沉迷于这个世界的五光十色。

作为一名师范生我很幸运地在毕业那年9月回到家乡，成为一名普普通通的特岗教师。和大部分特岗教师一样从上大学时所在的大城市来到了一个偏僻落后的小村庄。但不同的是他们带着激情与梦想，而我此时却是带着迷茫与无奈——因为我一直期待的工作是在县外做一名普通的办公室工作者，有时间的时候去世界各地转悠。而现在却因为家里的原因，不得不选择离家更近的地方工作，以便担负起家里的各种。

无数个夜深人静的夜晚，我反复思考着这个问题：为什么？到底为什么？来到这比家乡更远的大山顶小村庄选择一个自己不那么喜欢的职业？难道就为了爸妈所谓的"稳定"？我本身就是来自乡镇边缘不起眼的贫苦家庭中，一家人为了生计，种完自家那一亩三分地之外，全家人还得四处辛苦劳动赚钱；从小父母就教育我们姐弟，只有好好学习才能离开这是非之地；只有好好学习才能脱离像爸妈一样天天面朝黄土背朝天，那么辛苦的日子；只有好好学习才能有所作为。于是我立志好好学习，最终考上了大学。可是，大学毕业后，我却又回到了这个县的农村，而且是比我家乡更偏僻的山区的农村！

记得第一次来学校的时候，虽然自己从小在大山里穿梭，在家里的时候听长辈们说起学校所在的环境。可第一次从县城坐中心校的老师的车下来，路途中同事给我指学校的位置时我惊呆了，我们的车子在山脚的河边跑着，可学校却在最高处的山顶朝我微笑。正在幻想可以驱车前往，自己还可以在山顶上大展厨艺时，他们告诉我得去集镇上转乘摩托车，能够把所带的行李带上山顶都很好了。很快热情的家长主动请缨将新分配来这儿的老师拉上山顶，唯一的感慨就是他们娴熟的技术不去参加摩托车挑战赛浪费人才了。走进校园，一栋政府和香港慈善人士捐盖的教学楼，学生和老师各一幢住房，校内唯一的体育器材是一块老旧的篮球架。这让我不由得与15年前自己就读的小学校相比，那时候的校园除了土墙房不能跟现在相比，其他的都是天堂；这让我思考，在同一个县的学校竟然差距这么大。

随着班级的分配，我的教书生涯也正式开始了。我接手的班级人数不多，但学生的成绩及性格差异很大，让我感到压力重重的是除两名学生成绩优异外，其余都十分不理想，更有内向自闭和顽劣异常的学生。第一次走上讲台，我本以为自己会很紧张，但当我看到下面一张张充满童真的脸，一双双充满兴奋、渴望的眼睛，我的紧张早已飞到九霄云外了，尽情地与他们交流着，第一次感觉自己是那么"伟大"、那么"富有"。经过一段时间的相处，他们的情况我已基本了解，这也让我很难过。因为他们的学习基础非常差，三年级的学生了，好几个学生连自己名字全部写错；有的一直把b、6，p、9拼音和数字分不清楚；考试考几分的人不在少数。更让我震撼的是，记得有一次，我激励他们要好好学习。当我说你们要好好学习，读更多的书，争取考上大学，努力改变现在的生活状况的时候，班里一位名个子和我一样高的学生竟然说："老师，我们能考上大学吗?，就算考上了又能改变什么？"我听到这句话，心里顿时一颤，感到无比心痛——他们连考大学的勇气都没有，怎么考上大学？又怎么可能走出这偏僻的村庄呢？我坚定地回答："当然，只要你想！相信老师，也相信你自己。要知道'世上无难事，只要肯登攀'。"

我心中突然明白了，在这儿我是肩负着崇高的使命、巨大的责任的。我要把我所学的知识都传授给他们，要把我所看到的精彩的世界都描述给他们，要让他们那幼小的心灵不再无知、不再空虚。这一次坚定了我留下来的决心。如果能在需要自己的地方，发挥自己微弱的光芒，人生又何憾呢！每个老师除了带一个班以外还有一间学生宿舍，里面住着学前班到六年级不等的孩子，正好我管理的那间宿舍是全校最调皮捣蛋孩子的聚居地，刚开始我也因为学生的种种言行而气得头痛，再加上经验不足、耐心不够，几次被学生气得背地里偷偷流泪。但是每次流泪发泄过后,就让我的内心更加坚定,我决不放弃,孩子的本性都是善良的,只是调皮点而已,但"调皮的孩子都是聪明的",我应该为此高兴才对。我相信,只要不停地对他们说服、感化、教育,最终他们会变好的。

为了让学生理解数学中难理解的概念,我带着学生一起在学校中寻找各种废弃的材料,制作一些简单的教具;为了区分长度单位和面积单位,我和学生一起在教室外用一把米尺、若干段尼龙绳子接在一起粗略地去实际测量,用不同的方法去理解这些概念。因为学校的老师少,我除了上本班的数学课还要上其他年级的科学、信息技术等课,同时学校的各项常规工作也不得落下;所以我想了班级学生一对一监督学习,全班一起学习的办法来减轻我的压力。从最开始蹑手蹑脚到后面的放手让学生去做,他们每天在教室里把自己当小老师把学懂的知识教给基础较弱的孩子,下午我们一起在操场里运动,学生教会了我打篮球。孩子们自编自演排练了每周的文娱活动,建立了班级图书角……

一年后,因为学校的原因,我被借调到中心校做材料,也带了另一个班的孩子。而钟山的孩子经常给我打电话,问我什么时候再回去教他们。我带的班级是一名刚从大学毕业出来的语文教师教他们的数学,在期中的时候,同行的伙伴告诉我,班里的孩子适应了新老师,孩子们自发地每天也会在教室里写作业,把不懂的知识弄懂,交流读书心得。因为一心想着怎样改变一下学校的现状和学生求知的欲望。我和同行老师一起联系了慈善机构,给他们带去了御寒衣物、建立了钟山小学的图书角、修建了第一间浴室……

在与学校其他老师的相处中,我总是虚心请教,把科学的好办法拿来使用;听从学校和中心校的工作安排;关心国家教育方针的方向;积极参加各种有助于提高教学水平的活动;与同时期的其他特岗教师交流心得;经常反思自己工作中的差池,用心记录下来,成为我永久的财富。

(四川省普通高等学校学生信息咨询与就业指导服务中心供稿)

重 庆

身边的感动

——西南大学刘静事迹

刘静同学2009年专升本进入西南大学应用技术学院2007级会计学专业学习,在校期间成绩优异并担任班级班长,毕业后考入山东青岛胶州市洋河镇曲家芦村担任党支部书记助理。

9月3日至7日,中央电视台CCTV-1《身边的感动》栏目连续五天播出了大学生村官刘静的感人事迹。

将个人追求融入基层磨砺当中,将人生价值扎根于奉献基层群众里,她就是山东省胶州市洋河镇曲家芦村大学生村官刘静,2011年通过山东省委组织部招考,她光荣地成为一名大学生村官。

作为一名扎根基层的中国共产党党员大学生村官,为群众谋福利既是责任也是理想。在学校的时候刘静就是学生会干部,还担任班长并在大学入党。作为一名党员大学生,她相信,在学校她能服务好同学、老师,来到村里,她一样能服务好群众。一年以来,在市委组织部的培养下,在镇党委、政府的领导下,扑下身子当地种,理清村庄发展思路,积极为村民谋福利以实际行动赢得社会和群众的认可,2012年刘静被评为胶州市优秀共产党员。

做家具的是木材,懂诗词的是秀才,在基层当村官的是人才,刘静选择了在基层磨炼成长，她时刻把基层作为自己成才的摇篮，不断地学习，拜人民为师不断地完善自我。为了跟群众打成一片，刘静常常去果园帮着果农干活，剪枝疏果这些专业技术她本来都不会，来到果园边学习边实践，既能从果农那里学到农业知识又能帮助果农干活，一举两得的做法让她心里美滋滋的。张家长李家短，谁家有什么困难都愿意跟她说说。

在动员村民清理绿化带的走访中，刘静觉得村民提出要先解决修路难题处处在理，又想起这条路还夺去了村民的生命，她想这路无论如何也要修。她满口答应了村民们的要求。整修进村路成了村民们最盼望解决的大事，成了她心里最盼望解决的难事。

刘静和第一书记、村党支部书记以及村两委成员踏上了历尽艰辛的化缘路。她多次走访企业，寻求企业帮助。为了化缘，她说自己的嘴磨破了腿跑瘸了人家还是不肯出资帮助，这样不能坐以待毙于是她就和村两委研究，决定号召全村连夜召开村民党员代表大会，她在大会上含着眼泪动员全村百姓捐款，她和第一书记、村党支部书记在动员会上带头各捐款 2000 元，党员干部也当场踊跃捐款，支持村里修路。村里群众的捐款毕竟还是微薄的，刘静他们又三番五次的进企业，润邦化工老总听说刘静是村官为了给村里修路天天奔走，身为老村官的他感动了，竟然同意出部分资金帮助村里修路。他们去市里的各大局化缘，刘静主要跟局长们谈采摘节进村路的迫切需要，把规划图和预算图摆在领导们眼前，跟他们畅想路修起来以后曲家芦村采摘大丰收的美好画面。最终该村在胶州市委组织部、洋河镇党委政府的大力支持下，在交通局、计生局、建设局的帮助下，争取润邦化工、九洲汽配等企业的捐助，全体村民踊跃捐款，多方筹集资金，整修柏油路 1260 米，整修路边排水沟 4000 平方米。道路整修之后大大方便了群众生产生活，增加果农收入，促进村庄发展，致富有出路。

走村入户，深入调研，帮扶群众。自去年以来她还积极参与了洋河采摘节工作，农村优美的田园风光和喜闻乐见的故事常常被她记录下来，成为她很好的写作摄影题材，在《金胶州》《半岛都市报》《大众网》等相关媒体经常看到她的作品。为了熟悉村情村貌，刘静步行进出村，走遍曲家芦村的大街小巷，爱好摄影的她说要走到哪里拍到哪里把村容村貌都拍摄记录下来。

参与整理农家书屋资料、起草曲家芦村旅游报告、撰写村庄纪略、协助美化村庄环境文化上墙、积极宣传防骗防盗等安全小常识、维护远程教育党建平台、完善《村规民约》，协助抓好村级民主管理制度的落实；建立村委工作日记台账，完成多篇调研报告的撰写，刘静用自己的努力，赢得了群众的认可。她始终坚信："要么不干，要干就要干好。"

刘静最大的体会就是：脚踏实地，服务群众，认认真真做好自己的本职工作。她从赴任第一天起就告诫自己"我在村里没有一亩地，没有一间房，但是我是村里一名新成员，我要把心植根在这里，把我的汗水撒在这里"。她时刻严格要求自己，将自身工作实际与党的理论学习相结合，以"传播党的理论思想，夯实党的执政基础，全心全意为村民服务"为宗旨，立足基层一线。她还发挥自身优势，发掘村里的好人好事，拍摄村里的风貌民情，一年以来在大众网《半岛都市报》等当地相关媒体发表文章多篇。中央电视台《走基层》栏目全程跟踪拍摄整个修路过程，刘静的事迹在央视一套《身边的感动——女村官刘静的故事》栏目5集连播；青岛新闻《走基层在一起》以及当地媒体也连续播出报道，并在报纸以及网络媒体报道。她积极为村民谋福利以实际行动不仅赢得村民认可，也赢得了社会的认可，作为村官典型在党校为全市大学生村官作了发言，为青年人树立了榜样，被评为2012年胶州市优秀共产党员，荣获2011年度"阜安杯"庆国庆摄影比赛三等奖，2012年胶州市首届家庭文化艺术节三等奖，2012年"喜迎十八大"全市大学生村官演讲比赛第一名等荣誉称号。未来的10年、20年里，刘静认为基层当村官的这段经历将是她一生的宝贵财富，雄鹰选择了蓝天，是因为蓝天给了她广阔翱翔的空间，她选择了基层，是因为基层给了她施展才华的舞台。刘静在演讲比赛中骄傲地说："我在基层当村官，我无悔于青春！"

（重庆市大学中专毕业生就业指导服务中心供稿）

从驻村队员到"微博网红"

——重庆三峡学院彭俊华事迹

从城市的繁华到农村的宁静,从林立的高楼到乡间的田野,彭俊华的就业轨迹在很多人看来跳跃很大。

2014年7月,他从重庆三峡学院毕业,在重庆万州《三峡都市报》工作了一年之后,通过公务员录用考试,成了忠县磨子土家族乡的年轻干部。艰辛的工作环境让他褪去稚嫩,而他带来的新观念也逐渐影响着这个偏远的土家族乡村。

一、一个选择,他把青春写进土家族乡的田野

三峡都市报社,是彭俊华就业的第一站,在这段时光中,他几十次到基层调研采访,报道了很多带着泥土味儿的新闻作品。踏实努力的工作,也让他得到了重庆新闻界最高奖"重庆新闻奖"的肯定。

长期奔走在乡间的树林和田坎中,他发现自己对脚下这片干净的土地更有感情,于是一个想法萌生了:到农村去。

2015年12月25日,这一天是西方的圣诞节,也是彭俊华到新单位磨子土家族乡人民政府报到的日子。因为是单位年轻人中唯一的男生,领导把他安排在建设管理办公室,下乡进村的机会也更多了。

谈起第一次看到村民住的吊脚木楼,彭俊华感慨地说这种原汁原味的土家族建筑很难在城市看到。木楼盖、小青瓦、留花格窗、飞檐起翘、木栏扶手、走马转角,都古香古色。村民居家还有小庭院,院前有篱笆,院后有竹林,青石板铺路、刨木板装壁,松明照亮,一家过着日出而作、日落而息的田园宁静生活。安静的乡村环境让他更坚定了当初来基层工作是正确的。

二、一则新闻,他发掘出全乡首个"重庆好人"

随着全国扶贫攻坚深入推进,彭俊华被推荐为石梯村驻村工作队员。在村里,彭俊华认识了名叫罗成先的老人。小时候的一场疾病,让罗成先只能蹲着

行走，身高连 70 厘米都不到。同行的村主任介绍，罗成先做了一件很了不起的事，他的母亲 73 岁那年瘫痪卧床不起，全靠同样残疾的罗成先悉心照料了 20 年，直到 93 岁安然辞世，成为村里最长寿的老人之一。

彭俊华把罗成先的故事写下来首发在《忠州日报》上，得到了重庆本地媒体的跟进。新闻发出当天，全国有新华网、人民网、新浪、腾讯、网易等 105 家网站转载罗成先的事迹，甚至中共中央国家机关工作委员会的官方网站"紫光阁"，也刊载了罗成先的新闻，主人公热爱生活、顽强不屈的品质通过网络影响了成千上万的人。

后来，罗成先被重庆市委宣传部、市文明办等 6 部门联合授予了"重庆好人"的称号，成为全乡第一个被全市表彰的好人典型。在彭俊华的倡导下，罗成先所践行的爱老孝老写进了《村规民约》，成了全乡村民的精神滋养和行为准则，成了石梯村面向全国的一张文化名片。

三、一条微博，他随拍艾特成为科普网红

2016 年 11 月 16 日下午，彭俊华和办公室领导去村里开展安全巡查，一只色彩艳丽的野生红腹锦鸡，突然出现在距离巡逻车 10 米远的丛林下。当时，他不知道红腹锦鸡的身份，于是就拍照并在新浪微博上艾特了科普类的博主——@博物杂志。

2 分钟后，他就被"翻牌子"了。截至目前，这条微博已经被全国网友转发评论近 6000 次，阅读量达到 441 万，粉丝数更是逐渐增加到近千人。"网红"，这个有时代特征的称呼，从此被单位的同事叫出名了。

彭俊华渐渐认识到，网络时代的信息传播速度真是快到难以置信。他也开始思考：自己真的是"网红"吗？在新浪微博这个平台上，应该向大家分享什么，及时传递哪些价值观呢？他现在下乡时候常常会留意一些不常见的动物植物上传到微博，给"盆粉"们科普一下。

四、一个心愿,他写自媒体日记宣传美丽农村

彭俊华从农村第一时间传来的带着泥土味儿的照片反而还有点新鲜了。毕竟,在他微博评论中,连莴笋都不认识的网友大有人在。

彭俊华的微博 ID 是@驻村微日记,在自己的那方微博空间里,他带着全国各地的粉丝认识长在地里的农家蔬菜;分享一条河是如何从浑浊变清澈的;讨论红薯是蒸着好吃还是煮来好吃;见证一场城里人到农村购买山货的爱心扶贫活动。

好多粉丝私信和评论都说,看了彭俊华的微博后特别想去当村官,将青春和汗水播撒在乡间田野。而他也想着,但愿通过@驻村微日记的努力,今后会有更多的人爱上农村,爱上来自田坎山坡父辈童年的味道。

彭俊华的选择、彭俊华的微博、彭俊华的日子,就是青春该有的模样!

(重庆市大学中专毕业生就业指导服务中心供稿)

却家西行去,言志为民来

——重庆文理学院郑付林事迹

一千四百多公里的距离,对于别人而言也许是求学的路途,但是对于他而言是通往梦想的坦途。

三千多米的海拔,对于别人而言是难以接受的高原反应,但是对于他而言只是一个普通的工作环境。

二十出头的年龄,对于别人而言是适应社会的青春,但是对于他而言则是为人民服务的一个开头而已。

刚刚毕业的他,选择援藏工作,将西藏当作自己的家。

一、心之所向,大梦无疆

2016 年郑付林从重庆文理学院毕业,看似青涩的他似乎总能带给人一种和其他毕业生不同的感觉。他随性的性格里似乎隐隐有一种精气神在里面支撑,有想法,有主见。这是郑付林性格深处难以抹去的印记。

在大三的时候,郑付林就做了要考公务员的决定,并且早早开始复习。大四刚刚毕业,郑付林就接到了重庆文理学院就业办周老师的消息:在中央召开的第六次座谈会中西藏自治区向中央提出建议,吸收内地优秀毕业生入藏就业工作。接到消息的第一时间,郑付林就意识到,这可能是一个最适合自己的工作。

西藏一直是郑付林心中挥之不去的一丝执念,除了对西藏的爱,还有西藏精神的影响。援藏干部孔繁森的事迹在很大程度上坚定了郑付林想要去西藏工作的想法。彼时的孔繁森本来有机会回到内地工作,可他还是毅然决然地放弃了这样的机会,再次申请入藏工作。郑付林对孔繁森这种行为极其钦佩:"一个人选择,往往证明着他想要以什么形式去体现生命价值。"

谈及为什么要做援藏工作的决定时,郑付林说:"与其说性格决定选择,倒不如归纳为对人生的追求,找一份什么样的工作与个人性格息息相关。"

当郑付林做出这个决定之后,他就已经早早做好了应对家庭方面压力的未雨绸缪:"我做出这样的决定,是因为对自己未来的谋划。我是农村里的孩子，如果对自己没有一个认识和计划，那么未来就会一片迷茫。家庭的压力，我相信只要选择恰当的方式去交流，就不会有多少困难。"最终，郑付林的决定也获得了家人的支持，去西藏工作再无多少阻力。

在这个物欲横流的世界，其实往往很少有人有如此的魄力，对自己做的决定一往无前地坚持下去。如果说以前的郑付林是一个敢于践行梦想的年轻人，现在的他更愿意以一个为西藏无私贡献的普通干部身份而为人所知。

二、以心察地，融情于藏

2016年后半年，郑付林来到了西藏自治区昌都市丁青县觉恩乡的精准扶贫办公室，开始走村入户宣传精准扶贫知识，结合一对一精准扶贫开展工作。

初到昌都，在郑付林身上似乎并没有出现关于梦想和现实的落差，他对昌都的适应让所有人都惊奇。"与内地相比，这边的发展水平客观而言还是稍显落后的。但是丁青这里现在基础设施已经非常完善了，乡村道路硬化基本完成，并且也实现了网络畅通。"郑付林对于当地的概况信手拈来。

不过即使有了足够的心理准备，当时刚到昌都，郑付林还是经历了不少的不适应。首先就是高原反应，郑付林打趣道："刚到这里的时候，等爬回屋里都已经气喘吁吁了。"除此之外，西藏颇长的冬季也让郑付林这个重庆娃儿吃够了苦头。长达七个月左右的冬季，并且面临着冬季电力资源不够的困境，着实让郑付林吃了不少苦头。

即使这样，郑付林还是对未来充满期望："等川藏线贯通之后，西藏地区的交通就更加发达，肯定也会带动西藏地区的发展。昌都地区本来具有非常丰富的水力资源，等输电网络完善，我们就可以在满足自身用电的同时向四川等地方输送电力资源。"郑付林似乎并没有发现，在谈及这些话的时候，他已经在内心深处感觉自己，就是一个西藏人了。

三、守心笃行，不负初心

为人民服务就要深入群众深处，郑付林对这一点深信不疑。在开展精准扶贫工作的时候，郑付林与同事们一起走村入户，对每一家每一户的具体情况做好统计和了解，并且将干部与群众结对，进行一对一的精准帮扶，好让扶贫工作更好地开展。

工作的过程中自然不可能是一帆风顺的。在开展旧房拆迁政府补助新房的过程中，郑付林和同事们也遇到了不少困难。因为有部分群众家里就有条件较为不错的住房，重新拆迁修建新房对于他们而言不是一个非常好的选择。政策下行遇到困难，郑付林和同事们只能想办法去协调解决，最终给群众一个满意的答案。

面对工作中的这些困难和小摩擦，郑付林总结出自己的一套办法：换位思考、尽力而为、协商解决。力求在自己能力范围内给群众最好的答复。

在其位谋其职，郑付林深知自己的职责在哪里，做好最基层的工作，为人民群众服务。从点滴做起，切实为人民群众带来利益。

四、授人以渔，不如授人以网

如何切实为人民服务是一直萦绕在郑付林心头的一个命题。帮助群众脱贫绝不是简简单单地送一些生活上的物资和介绍一份工作那么简单。那么如何稳定地帮助群众脱贫呢，郑付林为此思考了许久。

"授人以鱼不如授人以渔，授人以渔不如授人以网。如果简单地为群众介绍岗位，大概只是给了他们生存的保障。但是为他们带去新鲜的创业思想，帮助他们学习创业知识，在国家'大众创新，万众创业'的背景下进行创业，那就是授人以网，真正给了他们脱贫的能力和可能。"在仔细分析了当地群众的具体情况之后，郑付林得出这么一个结论。

正是因为郑付林这种勤思慎行的品质和做事认真的品行，让当地的人民群众对他好感倍增。"每次我去群众家里，他们都会特别热情地招待我，什么酥油茶啊生牛肉啊，都会摆上桌来。"郑付林笑着说。大概在这份工作中，帮助人民群众的同时，他自身也收获了许多成长和快乐。

干部如何为人民服务的这个命题，在郑付林这里似乎并不为难，他始终坚持从群众中来到群众中去的原则，设身处地去为群众着想，就一定可以找出最好的解决办法。

（重庆市大学中专毕业生就业指导服务中心供稿）

甘 肃

不忘初心，不负韶华

——甘肃农业大学裴伟强事迹

裴伟强，男，1990年6月出生，中共党员，甘肃天水人，2015年6月毕业于甘肃农业大学农业机械化及其自动化专业。2015年7月至2017年10月，参加赴疆工作初任培训；2017年10月至2016年3月，任新疆维吾尔自治区莎车县伯什坎特镇干部；2016年3月至2016年8月，任新疆维吾尔自治区莎车县伯什坎特镇镇长助理（期间：2016年3月至2016年7月，在喀什地委党校参加双语培训）；2016年8月至2018年2月，任新疆维吾尔自治区莎车县伯什坎特镇副镇长；2018年2月至今，任新疆维吾尔自治区莎车县巴格阿瓦提乡副乡长。

2015年6月，裴伟强以优异的成绩完成了自己大学四年的学业。毕业后，他积极响应中组部号召，经过了严格的考核和层层筛选，被新疆维吾尔自治区录取为选调生，并分配至南疆基层工作。

在入疆前，裴伟强跟许多人一样，对南疆的认识很模糊，认为那里就是塔克拉玛干大沙漠的所在地，到处是沙丘和漫天的黄沙，除了沙漠就是戈壁，也许会偶尔听见悦耳的驼铃声，看到小镇里悠悠而过的毛驴车。当他第一次看到新疆来内地招收优秀大学生的影像专辑时，才发现南疆和他想象中的不一样。视频中的南疆景色优美、民风淳朴，充满着独特的异域风情，是一个令人向往、令人期待的好地方。

"我清晰地记得，在接到通知后不久的2015年7月22日，我踏上了西行的列车。"对裴伟强来说，去南疆工作不仅离家千里，而且还要面对语言的不通和饮食的不习惯。用他自己的话来说，这是一次机遇，更是一次人生的巨大挑战。因为，他不是去当一两年的志愿者，而是要一辈子扎根在祖国的西域边陲，用自己的青春去服务人民。

"在美好的年华，选择困难也就选择了收获，选择奉献也就选择了坚守。"历经三年的南疆风尘，裴伟强逐渐爱上了这片热土。这里四季分明，瓜果飘香。不仅有无花果、和田红枣、库尔勒香梨和冰糖心红富士等，还有新疆的特色美食手抓饭、馕坑肉、大盘鸡、烤全羊，等等。

为人民服务，真正为边疆老百姓做点实事，是裴伟强赴疆工作的初衷。裴伟强切身体会到了党组织对他们入疆工作的大学生的期望与厚爱。刚刚步入工作岗位的裴伟强，就着手一件件开始干实事。通过发放"暖民心"关爱金，落实党和政府的好政策，帮助改善人民群众生活水平，切实把好政策落实到老百姓的心坎里，使党的好政策在基层落地生根，开花结果。

2017年，在组织和领导的关怀与重用下，裴伟强参加了访惠聚驻村工作，任村第一书记。这是一个锻炼能力的好平台，一来能进一步熟悉乡村工作，二来能熟悉当地风土人情，与维吾尔族老乡近距离接触。面对全新的工作环境，裴伟强心里琢磨着如何才能更好地走进乡亲的内心世界，与老乡们打成一片。借助入户走访的机会，他主动同乡亲聊天，尽快熟练维吾尔语，这让他与村民的距离一下子拉近了许多，交往中他也结识了许多维吾尔族朋友，这使他开展工作有了坚实的基础。

村里工作任务虽然很重，但只要一有空，裴伟强就和同事到乡亲的地里帮忙干活、走进村民家里聊家常。几个月下来，老乡主动与他诉说生产、生活中的困难，并交流致富想法。有了群众的信任与支持，开展工作方便了许多。不断地摸索中裴伟强懂得了该如何去做群众工作，如何同群众打交道。"群众工作是党执政的基础，正是因为住村的锻炼，让我比同期分配到乡镇工作的干部更早进入了角色、融入了群众，成为一名地地道道的乡干部。"

在与乡亲们的交谈中，大家向裴伟强反映最多的就是事关民生福祉的现实问题，如期盼水渠要做防渗处理、村委会到各村民小组的道路需要硬化、孩子上学能坐上专门的公交车、村民文化广场需要修葺完善等。乡亲们对美好生活的向往，让裴伟强觉得自己肩负的责任与使命更重了。经过调研，裴伟强向上级主要部门领导作了专题汇报，并积极与有关单位对接沟通。在他的不懈争取下，一个接一个的民生项目批了下来。"看到乡亲们对我会心而满意的笑容，我就有一种莫大的满足和成就感，也深深体会到，所有的辛苦都很值得！"

"还记得，刚来村里工作，亚森·卡迪尔家婆媳关系不和，导致老两口在危旧房居住，生活拮据困难。"裴伟强主动上门去给婆媳谈话做思想工作。原来问题出现在儿子无业在家，因家庭生活困难，儿媳外出卖血以补贴家用。老人执拗不过，把儿媳和儿子说教了一番，矛盾因此引发。经过裴伟强的耐心调解，婆媳互相谅解。同时，裴伟强协调工作队为他们捐助生活物资，提供必要的补助，并动员儿子外出务工。不久，两位老人又和儿子儿媳一起居住，生活条件也逐步改善，家庭和睦幸福。后来，亚森·卡迪尔的家人时常邀请裴伟强去家中做客。通过这件事，让裴伟强深深体会到，你对群众一份好，他们就会十份、百份的对你好。他也深刻感到自己越来越融到这片土地中，就像在自己的家乡一样，深深爱上了这里的一切。

裴伟强所工作的村，待业青年比较多，而且大多数也没有技术。看到很多待业青年一年到头待在家里，有的也只能勉强在附近打短工，收入不稳定，这让裴伟强心里焦灼了起来。当接到自治区组织给待业青年开展技能培训的通知后，裴伟强心里面热乎了起来。他第一时间就和同事张罗着开办起了夜校，给广大青年开展技能培训、普及法律常识，千方百计鼓励更多的青年走出去，增加务工收入，增强脱贫内生动力，早日实现脱贫愿景。开办夜校期间，裴伟强抓住一切机会，与大家拉家常、倾听他们的想法，了解他们并帮助他们找工作。后来，乡亲们只要看见裴伟强，就热情地邀请他去家中歇歇脚、聊聊天，乡亲们朴素真挚的情感变成了他在南疆奋斗的强大动力。

上面千条线，下面一根针。党的惠民政策都是通过基层来传递到千家万户，基层是老百姓最贴心、最温暖的"家"。两年的基层锻炼，让裴伟强更加深刻地认识到唯有不断学习才能避免原地踏步，没有理想信念的人生是苍白的，没有责任担当做不了农民群众的知心人。肩负着历史的使命，深感责任重大。在工作中，他努力干好每一件事，也把大学时的学生干部的经历运用到了实际工作中。"以前，我是把同学的事当成自己事去做。现在，我的服务对象从同学变成了群众，但是我懂得把群众的事放在心里最高的位置，把群众的事当成自己的事来办。"

到西部去，到基层去，到祖国最需要的地方去。不单单是一句口号。裴伟强说，"有一种生活，你不曾经历过，就不知道其中的艰辛；有一种艰辛，你不曾体会过，就不知道其中的快乐；有一种快乐，你不曾拥有过，就不知道其中的纯粹。"作为一名年轻的共产党员,裴伟强将共产党人的讲奉献、求付出的品质体现得淋漓尽致。

习近平总书记说:"人的一生只有一次青春,现在,青春是用来奋斗的,将来,青春是用来回忆的。只有为人民做出了奉献的青春,才会留下充实、温暖、持久、无悔的青春回忆。"作为90后的大学生,裴伟强正在以青春的名义去做一件一辈子都不会后悔的事情,他把个人成长与时代需求和国家发展结合了起来,在祖国需要的地方建功立业,以坚定的理想和信念实现着自己的人生价值,就像那天山雪松、戈壁红柳、沙漠胡杨一样。他为了新疆的繁荣和人民的幸福,还将继续扎根基层,用青春与汗水谱写着一段青春之歌、不朽之歌。

(甘肃省教育厅学生工作处供稿)

乡村教师

——陇南师范高等专科学校张军燕事迹

张军燕为陇南师范高等专科学校教育系 2011 届初等教育专业毕业生，现为甘肃省文县桥头镇椿树坪小学教师。

大学毕业后，在 2012 年张军燕报考了甘肃省基层服务项目考试，顺利通过后被分配至文县桥头镇椿树坪小学，成为这所学校唯一的教师。椿树坪小学所在的桥头镇位于秦巴山脉深处，是甘肃省陇南市文县最偏远的乡镇之一。这里离张军燕武都的家有 100 多公里，因学校地处高山地区，交通不便，从学校到家要走很长的盘山公路，期间要换乘好几种交通工具，用时约 4 个小时才能到家。

初到椿树坪小学，眼前的景象让她有些发懵，学校在"5·12"汶川地震中受损严重，校舍完全倒塌，13 名学生和 1 名男教师在灾后临时搭建的活动板房中上课，村级组织活动室是宿舍，采购生活必需品得走又陡又远的山路……看到这些，张军燕有些许的退缩，但是想到自己家人的期盼，想到自己为这份工作付出的努力，她选择了留下。在她到学校上岗两周后，那名男老师退休，她成了这所小学唯一的一名教师。这对一个刚刚跨出校门的女生来说，即将独自承担起一所乡村小学的教学和管理工作，需要的不仅仅是勇气，还要有承受孤独的毅力。

一天，张军燕看到一名学生课本上的名字有错别字，一问得知是孩子父亲所写，这让她有些震惊，孩子的父亲比自己大不了几岁，但是不识得几个字。

几天后与村干部聊天，得知全村400多人，几乎一半是文盲，外出打工因文化程度较低，干的大多是最苦最累的活。得知这一情形，张军燕找到了自己留下来的意义，感觉到了肩上的压力。看着学生和家长们一双双殷切期盼的眼睛，张军燕不再动摇，坚定了信念。

因学校地处偏远山区，没有电视，更别说网络，就连电话信号也时有时无。山里交通也不方便，采购生活必需品需要步行一个多小时才能到达公路，然后再坐车去镇上，最后想办法搬回学校。即便这样，张军燕依然坚持每个周末都要到镇上的网吧去下载最新的教学视频和课件，来学习和更新自己的教育教学理念，她还常常把自己的笔记本电脑拿到教室里，让孩子们通过电脑接触"外面的世界"。孩子们表现好了、学习进步了，她就送一些自己买的小礼物鼓励，孩子们调皮了，不专心听讲了，她就笑着给他们讲道理；课间休息时，张军燕与孩子们做游戏，给孩子们讲故事；中午放学，她给离家较远、父母不在身边的孩子做饭；天热了，她给孩子们理发，天冷了，她给孩子们生火。

因张军燕所在的椿树坪小学教育条件和经济条件落后，是个只有学前班和一、二年级的教学点，所以只能采取复式班教学的方式，这对她是一个很大的挑战。由于是直接教学、学生自学、做作业交替进行，张军燕一直努力让学生们养成良好的学习习惯，调动他们的学习积极性。她洒下的汗水滋润了脚下贫瘠的土地，灌溉了山村孩子求知的心田。功夫不负有心人，椿树坪小学连续四年取得全学区第一的好成绩，张军燕的教学水平得到了家长、学区的一致认可。

2014年，当地学区校长为张军燕的安全和家庭情况考虑，要把她调到五里外的新寺小学，那里教师人数多，教育教学设施齐备，交通也较为方便。当孩子们听到这个消息，哭着舍不得她离开，长时间的相守，让张军燕和这个学校，和学校的孩子们都有了很深的情感，和家人沟通后她毅然选择了留下。

2015年，椿树坪小学被列入"全面改薄"项目，政府投资近60多万元新修了3间教室、2间厕所。校园也修起了围墙、购置了课桌椅、配齐了教育教学设配。看着明亮崭新的校园，张军燕和孩子们对未来也充满了信心。

2016年4月，张军燕在网吧下载学习资料时无意中看见了"马云乡村教师奖"评选活动，她抱着试一试的态度，填写了申报材料。经过申报、初筛、媒体实地走访、初评、公示等环节，张军燕从1510位申报者中脱颖而出，在经过现场才艺展示和答辩等终评环节后，张军燕最终获得"2016届马云乡村教师奖"，成为100位"马云乡村教师奖"获得者之一。

六年的坚守，学校也从板房变成了平房，张军燕教的 30 多个孩子，很多也已升到高年级去了桥头镇中心小学上学。2017 年，椿树坪小学只有 4 名学生入学，但是她依然尽职尽责地坚守在岗位上。她说，既然选择了这份工作，可能就会舍去一些东西，六年时间虽然流过很多泪、吃过很多苦，但是为了这些孩子，一切都是值得的。

（甘肃省教育厅学生工作处供稿）

乡村巨变

——西北民族大学仉健源事迹

仉健源，男，回族，安徽阜南人，中共党员，1994年2月出生，2011年9月考入西北民族大学新闻传播学院新闻学专业。2015年毕业后，他积极主动报考了安徽省"大学生村官"考试，顺利考取安徽省第八批大学生村官，担任安徽省阜南县高郢村支部书记助理，2016年11月通过全县竞争上岗担任中共安徽省阜南县地城镇高郢村支部第一书记至今。

中共中央总书记习近平给曾患急性白血病的山东大学生村官张广秀回信中写道，希望大学生村官扎根基层，增长才干，促农村发展，让青春无悔。这句话作为仉健源选择基层的出发点，始终激励着他。在他办公室的墙上，写着"让青春在奉献中闪耀"九个大字，更是他对自己的鞭策。在农村工作近三年时间里，他是这样想的，也是这样做的。

一、初到基层，走村串户赢得民心

2015年8月，作为一名在农村基层工作的大学生村官，仉健源第一次来到高郢村，看到村民茫然的眼神和不信任的表情，他决定深入群众，走村串户掌握第一手的村情民情。在危房改造工作中，他和镇村干部冒雨进村挨家挨户进行建档，村里泥巴路在下雨天变得泥泞不堪，鞋上沾满了厚厚的泥巴。为尽快融入村民，他要求自己做到嘴勤腿勤，甚至经常借着危房改造拍照的名义，拿着单反到农户家中，主动与村民攀谈，主动和村民拉近关系。有次天降暴雨，正在村室工作的仉健源想到大李郢的孟现珍老人家独自居住在破旧的老房子里，担心会出危险的他果断利用广播通知村民注意防灾，并冒雨到一线转移了包括孟现珍老人家在内的10余名住在低洼地及老房子的村民撤离。而后他抓住镇易地扶贫搬迁项目这一契机，多次向镇里争取易地搬迁名额，解决了27户村民的住房安全问题。这些事情，村民看在眼里，暖在心里。仉健源就这样用自己一点一点真诚的行动，打动了高郢村的村民，村民慢慢对他这个年轻的村官放下了戒心。

二、发展高郢，争取项目改善村貌

面对高郢村基础设施薄弱的现状，仇健源积极向上级政府申请，先后争取到了省级美丽乡村建设项目、省级妇女之家建设项目。他全程参与了美丽乡村建设的实施工作，在实施过程中及时发现问题、解决问题，并深入一线参与其中，与村两委一道丈量土地，挨家挨户协调宅基地，对项目验收做了大量的软件资料，从不言累，而乐在其中。

在大搞基础建设的同时，仇健源着力改善高郢村乡风文明，他积极与镇文化站对接，组织评选"高郢好人"活动，同时兴建了村民健身广场和农家书屋。县文广新体局向村赠送了几百册图书，整个上架、编号、书目的汇总、借阅登记册的录入都由他全面把关，为村各年龄段的村民提供了相当大的帮助，促使了部分村民有了走产业之路的构思和设想，丰富了广大村民的精神文化生活。

通过这些项目的实施，使高郢村的整体村貌大为改观，看着一座座崭新的楼房、一条条笔直的水泥硬化路、一个个"高郢好人"的表彰榜，村民无不称赞村两委为民做了实事、好事。

三、精准扶贫，发展产业助力脱贫

仇健源所在的高郢村，拥有342户建档立卡贫困户，其中一大半都是老弱病残，脱贫任务很重、压力很大。面对这一情况，他主动请缨，挨家挨户进行调查了解。每到一户，他都详细记录贫困户家庭情况，仔细询问贫困户有何困难，为全村342户贫困户逐一建档，并与村两委一同，为每一户贫困户量身定制扶贫措施。同时他主动提出要求包保10户贫困户，每个月他都会去这些贫困户家中看一看，询问他们的生产生活情况，其中贫困户高树田想承包鱼塘进行养鱼，仇健源立即为他申请了产业扶贫资金，并联系技术人员进行技术培训，如今高树田承包了 5 亩鱼塘，顺利实现脱贫；贫困户郭华兰与患有强直性脊柱炎的儿子相依为命，仇健源多次去他家中了解情况，郭华兰哭着告诉他说孩子开始生病时因为缺钱，导致儿子的病情延误，数十年卧床不起。看着这位年迈母亲无助的泪水，仇健源拿出了两百元塞到了她手里，并向她宣传了安徽省当前"351""180"的健康扶贫政策，告诉她不要担心钱的问题。就这样，郭华兰带着儿子去市医院做了强直性脊柱炎的手术，手术费用 11 万，报销之后郭华兰只花了不到 3000 元，看到儿子重新站了起来，郭华兰握着仇健源的手久久不松开。这一刻，他真正体会到了奉献的力量，真正享受到了基层工作带来的真真切切的自豪感和成就感。

与此同时，为了改善村里落后的经济情况，帮助无劳动力贫困户早日实现脱贫。2016 年 8 月，他在立足本村村情的基础上，和村主任高传国商议后，决定在阜南县率先实施"产业扶贫资金及小额信贷入股分红"的扶贫模式，主持建立了阜南县健辉养殖专业合作社。利用贫困户产业扶贫资金每户 6000 元，及小额信贷资金每户 50000 元，建立了贫困户共享的高郢村生猪养殖场。目前合作社已有 26 户贫困户入股，在 2017 年底实现分红每户 3500 元，并解决了 2 名贫困户就业问题，极大地推动了高郢村脱贫攻坚的步伐，受到了村民的热烈拥护和支持。2018 年年初，扩大养猪场规模的申请已经获批，他计划再吸纳 100 户贫困户入股，早日完成脱贫任务。

四、担任书记，公平公开全心服务

2016 年 11 月，仇健源参加了全县面向大学生村官公开选拔村党组织第一书记的竞争考试，顺利担任中共高郢村支部第一书记。一样的环境，不一样的身份，从原来的书记助理，一跃变为第一书记，仇健源感受到了前所未有的压力。如何处理基层纷繁复杂的矛盾纠纷？成为摆在他面前的首要难题。作为村党支部第一书记，他不仅虚心向有经验的老同志请教调解纠纷方法，还利用休息时间研读我国各项法律、法规，以便在实践工作中更好地运用相关知识。他公平公开的调解态度，专业合理的调解方法，使得由他负责调解的事件成功率高，调解协议执行率高。

他经常说农村其实没有什么所谓的刁民，掌握刁理也是理，只有把农村的事捋明白了，捋公平了，刁民自然就没有了。他要求村两委做好"宣传员"，利用走访入户、广播网络等多渠道多手段，把政策宣传开来，在处理问题时，一定要公平公正，一碗水端平了，不给老百姓留下话柄，在为村民办事时，要依法依规按程序办事，该硬气的时候不能怂，久而久之，高郢村风变好了，矛盾纠纷自然就少了。

仇健源作为新闻学专业毕业的学生，在不懂得如何操作电脑的村两委中，主动负责万村网页的更新工作。在繁杂的基层工作中，他经常能总结出一套有高郢特色的工作方法和工作思路。通过万村网页的新闻，他将高郢村集体智慧传播开来，多次受到镇党委政府的认可和表扬，极大地提升了村两委的工作热情和信心。

他主抓的党建、美丽乡村、乡风文明、精准扶贫等工作在全县名列前茅，高郢村也先后荣获"阜南县文明村""五个好党组织标兵""市级一类美丽乡村"等称号。

放眼这些工作，看起来琐碎繁杂，但是它更需要一份责任心，一份对待工作的态度。仇健源也因为出色的工作表现，先后荣获中共阜南县委"2016年度阜南县优秀大学生村官标兵"称号、地城镇"2016年度优秀共产党员"称号，先后当选为地城镇第十三届人民代表大会代表、共青团阜阳市第四次代表大会代表，以及共青团安徽省第十四次代表大会代表。

在基层工作的这些年里，仇健源由一个刚从象牙塔里走出来的90后，逐渐成长为将个人成就与社会责任相结合的有担当的青年人。他用自己的勤劳、智慧和努力，辛勤耕耘、勇于奉献，在平凡岗位创造了非凡的业绩，他将继续践行以"朴实无华、甘于清贫、淡泊名利、无私奉献"的黄土地精神和以"志存高远、奔流不息、百折不挠、勇往直前"的黄河精神为核心的西北民族大学精神，在广阔的基层农村，奉献自己的青春，实现自己的价值。

（甘肃省教育厅学生工作处供稿）

青 海

奋斗，青春

——青海大学付有恩事迹

付有恩，男，汉族，1992年11月出生，中共党员，青海乐都人，现为青海省海北藏族自治州刚察县哈尔盖镇中心卫生院医师。

2010年我被青海大学医学院提前录取为第一批国家定向免费医学生，开始了自己美好的大学生活。随着时间的推移，自己也逐渐认识国家免费定向医学生项目及其出台的重要意义。

2015年的正夏，我满怀激情地走出青海大学医学院，怀揣着毕业证书和学士学位证，坐上了去往海北州刚察县的班车。那时候，感觉从西宁到刚察的路好远，要走很久。好在交通便利，班车开了三个小时，终于到了我的第二故乡——海北刚察。刚察县，位于青海省东北部，海北藏族自治州西南部，青海湖北岸，平均海拔在3300米。

刚到卫生局报道后，便被分配至当地一所基层卫生院工作。初到卫生院，眼前简陋的条件让我这个刚出茅庐的学生娃大为震惊，牧区的医疗条件还是和老家有很大的差距。但来之前，自己已经做足了心理准备，深知基层医疗条件有别于城市，基层工作更为辛苦。所以暗自下了决心，记住父母的话，永远做个男子汉，遇到困难不能怕，什么都得扛起来！

在美丽的刚察草原从事医疗工作三年来，自己在平凡岗位上兢兢业业、任劳任怨、刻苦钻研，得到了牧民群众的赞誉，同事、领导的好评，并多次被青海新闻联播、青海新闻网等多家媒体报道。

一、全心全意，热情为患者服务。从医三年来，自己急患者之所急、忧患者之所忧、想患者之所想,始终坚持"医者父母心"的原则,对待患者不分家庭境况是富是贫、社会地位是高是低,始终把患者的生命安全放在第一位。对待每一位病人,自己都能做到认认真真检查、详详细细解说、兢兢业业施诊。当遇到患者家属不理解时,不厌其烦地耐心做好解释工作,不管工作多忙多累都坚持每天下班前详细查看每一位病人,掌握病人的病情变化。在工作中,时刻为病人着想,从检查到治疗,为患者精打细算,如果遇到远道而来的患者,还会跟相关科室沟通联系,尽量当天能做完检查,明确诊断,给予及时治疗。

二、不断学习提高医疗技术水平、积极参加县州省级卫生技能评比。作为一名医生,只有通过提高医疗服务质量,才能赢得患者的信任。于是自己在工作中不断学习,苦练过硬的基本功,掌握本专业基本理论、基本操作、基本技能,学习新知识、新技术、新疗法,了解疾病发展的新动态,积累新经验。经过扎实刻苦的学习,参加县、州及省级各项比赛,均获得优异的成绩。

三、工作严谨,责任心强。从医三年来,自己一直保持着高度的责任心、良好的职业道德、严谨的工作态度,并有较强的综合分析能力。在空前紧张的医患关系面前不抱怨,牢记救死扶伤的职责,严格要求自己,加强医患沟通,提高服务品质,不断学习掌握医患沟通技巧。此外,自己还非常重视诊疗过程中的心理疏通,在给病人看病时,关注患者的心理变化,坚定不移地认为一个亲切的笑脸、一个鼓励的眼神、一句温暖的问候语、一个拉扶的细心动作本身就是一味对症良药。从自己做起,从点滴做起,视病人如亲人,从而赢得了病人的理解、支持与尊重,减少了医疗纠纷发生。

四、热爱祖国,拥护中国共产党的领导。作为一名中国共产党党员,自己以身作则,积极参加单位组织的政治学习,认真领会理论精神,并积极参加各种义务劳动,积极参加单位的下乡任务,不怕苦、不怕累,立足于本职、立足于社会,为牧民群众提供医疗服务、医疗咨询、卫生保健等服务。依靠熟练的专业技术、良好的医德医风及高尚的思想品质,得到群众的广泛好评。

五、在工作中自己踏实认真、待人真诚、勤劳朴实、团结同志、宽以待人,从不计较个人得失,无论上班还是休息,病人利益第一、随叫随到,合理用药、合理治疗,不以权谋私,在病人中树立了良好的职业形象。

在今后的工作中,自己将更加努力,弘扬老一辈医学家的医德医风,爱岗敬业、取信于民,在自己的本职工作中争创一流、再攀高峰。

对于希望成为一个怎样的人?我有着自己的理解:"优秀的定义有很多

种，我并不觉得自己是优秀的。我更看重独立、有趣的品格。我还尤记得曾经，我写给自己的话——你永远不要市侩，不要中庸，不要目的性太强；你的眼里要有光，身上要有真性情，心中要多些担当。"

今年正值母校60周年华诞，"感恩母校、感恩医学院辅导员班主任和就业中心的老师们……在我最美好的年华给了我最可心的回忆。我的芳华在青大。"在我们青大学子心中，母校为自己提供了一个广阔的舞台，让自己可以勇敢地去探索未知的自己。"可以说，青大给了我一个'青大梦'，让我有了踏实的幸福感。我最喜欢青大的，是它给了我无限的可能；最遗憾的，是待在青大的日子，待的时间太短太短。"

祝福母校！

（青海省教育厅学生工作管理办公室供稿）

扎根基层沃土，绽放青春光彩

——青海大学米雯事迹

那是一个遥远的梦，扎根在心里；那是一张痴情的网，飘散在基层；那是一颗无悔的心，摇曳在农村。经历改变了青春的模样，青春动容了乡村的辉煌。到基层已有大半年，那些度过的青春岁月，深深地印在了我的脑海里，那一排排的杨柳，已经开出了新芽，那一张张的笑脸，也洋溢着更多福光。习总书记在党的十九大报告中提出"培养担当民族复兴大任的时代新人"重大战略命题，并对一代代青年接力奋斗实现中国梦寄予了殷切希望。

2017年8月7日，我依依不舍地离开家告别父母踏上了来往海西德令哈的路。德令哈，一个我将要在这里奉献青春、开始人生新征程的地方。对于这里，我陌生的不能再陌生，这里自然环境如何？单位如何？等等，这些我一无所知，面对种种未知我一路上既担心又惶恐。担心自己不能适应这里的环境，担心不能融入新的集体中，惶恐自己在这里一无亲戚二无朋友，孤苦伶仃。怀揣着对未知一切的焦虑心情前往怀头他拉镇政府单位报道。

初入职时，虽然做好了一切心理准备，但在从德令哈市去往乡政府路上，车窗外荒凉的色调，还是成功地引出了我的泪水。艰苦的工作环境和不发达的乡镇，让人深刻体会到"理想很丰满，现实很骨感"，在被窝里偷偷抹泪也是常有之事。然而，哭解决不了问题，从一个理科生到党政干事，过去已成为历史，转身份、转心态，学会在乡镇生存的本领是面对新环境要做的第一件事。在领导和同事朋友们的帮助下，随着第一篇"成立领导小组的通知"印发，正式开启了公文写作历程，随后，信息简报、方案总结、汇报材料、讲话报告……各类公文应接不暇。乡镇工作繁杂，从初时的手忙脚乱、文件内容赘述，到后来工作应对自如、有条不紊，能够与老百姓交谈自如，能够摸清换届流程，准确地给驻村干部以及村书记、主任讲解，慢慢地相信自己也能独当一面。"路漫漫其修远兮，吾将上下而求索"。一路走来，见证了我的成长，第一次写材料，第一次应对考核……在这个蒙古族藏族自治州，留下了太多的"第一次"，这些收获装点着青春，装点着初入社会的我。

现在，我又多了有一份职责，成为一名扶贫驻村工作队员，"大道行思，取则行远；上德若谷，不弃不休"。当一只脚踏入基层的那一瞬间，自己已无法摆脱这片深沉的土地。精准扶贫的政策正在如火如荼地进行着，那些贫困的地方，那些渴求的人们，是那样的不忍你离去，冰冷会被瞬间融化，高傲会让你恨不得立马帮他们一把。面对这份责任，我会用心感动群众。不谋万世者，不足谋一时；不谋全局者，不足谋一域。深入群众内部调研，群众的心声是最真实的，在精准扶贫的路上，用心切实感受群众的感受，用情切实体会群众的心情，用汗水挥洒群众的土地，用学历优势去帮助群众脱贫，选调大学生作为活跃在基层的星光，那些微薄之力，总有一天会迸发出别样的辉煌。

你生活的样子，取决于你的心态；你的样子，取决于你的付出。从学校到社会、从课堂到办公室，我们面对的不再是高数作业或大物实验，而是这样那样的文件、材料，是与群众生活息息相关的一切，是"5＋2、白加黑"的平凡付出。工作快一年了，也曾有迷茫无措、委屈不甘，是遇事归零的虚心、积极负责的尽心和朝气团结的诚心，帮助我适应新环境、赢得认可与肯定、收获朋友与回忆。简单平凡来时路，在乡镇工作的繁杂和组织工作的责任，收获的都是喜悦和暖心成长，无愧我心。

不忘初心，方得始终，我所理解的选调生的初心是在基层担当、在一线付出，以己之力诠释青年人的职责使命，展现吾辈风采。"青年兴则国家兴，青年强则国家强"，习大大在十九大报告中树立的新目标、制定的新计划、提出的新希望，召唤吾辈砥砺前行。从全面建成小康社会，到基本实现社会主义现代化，再到建成富强民主文明和谐美丽的社会主义现代化强国，从现在到21世纪中叶，需要吾辈青年人拳拳担当、不辱使命。

平凡的工作岗位，怕的就是甘于平庸的心，每一秒，我们都有机会，让下一秒变得更好。青春正当年，积少成多、锲而不舍，才是青春该有的样子。要在基层这片沃土上，让学习成为生命不竭的动力，成为个人发展进步的基石，不断提高向书本学习的能力、提高调查研究的能力、提高做群众工作的能力。

在选调的征程上，我会继续投入自己的热情，挥洒青春的汗水，带着激情去工作，一步一个脚印，不断前进。愿未来回首时，不会因虚度年华而悔恨，不会为碌碌无为而羞愧。

（青海省教育厅学生工作管理办公室供稿）

到祖国最需要的地方去

——青海大学石磊事迹

石磊，满族，中共党员。1992年1月出生于青海省海北藏族自治州海晏县一个具有红色革命传统的家中，老一辈曾是制造中国第一颗原子弹的军工，也是老党员，2016年6月毕业于青海大学昆仑学院经济学专业，大学本科学历。同年响应团中央的号召，本着到西部去、到基层去、到祖国最需要的地方去的精神，参加了大学生志愿服务西部计划，2014年12月至2016年12月任青海省青年志愿者协会个人理事，2017年1月增补成为青海省青年联合会第十届委员会委员，同时也是郭明义爱心团队青海青情援助分队发起人、副大队长，全面负责团队的日常志愿者管理和项目的有序开展。

一、谦虚谨慎、不骄不躁，把荣誉埋于心中，用实际行动践行自己

自2007年以来石磊三次被共青团海晏县委员会、海晏县教育局评为县级"优秀小公民"，在2014至2015学年因团学工作突出被青海大学评为"优秀团员"、2014至2015学年被青海大学昆仑学院评为"优秀共青团员"、在2014至2015年度中工作表现突出、成绩优异，被青海大学昆仑学院评为"优秀学生干部"，2016年被共青团青海大学评为"感动校园十大学生人物"，在2015中国·青海绿色发展投资贸易洽谈会暨第二届环青海湖电动汽车赛中被共青团青海省、青海省青年志愿者协会评为"优秀志愿者"，2010年被中央文明办、中央宣传部、中央教育部、中国关心下一代工作委员会授予全国青少年"文明之星"荣誉称号，2016年1月被共青团中央、全国学联授予"中国大学生自强之星"荣誉称号，2017年5月被共青团青海省委党组评为"团干部先锋岗"，2018年3月被中共青海省委宣传部、青海省文明办评为全省"岗位学雷锋标兵"。

二、立志于本、不忘初心，紧跟老一辈高原意志寻找"奉献精神"

2012年石磊通过自己的努力很高兴和其他学子一样，考入了青海大学昆

仑学院，进入大学后他的人生观、价值观、世界观进一步成熟，深知大学生的历史使命和责任重担，在大学第一学期就积极向党组织递交了入党申请书并通过业余党校不断提高了思想素质。在学习上因为自己基础知识不够扎实，总是考试落后，为了赶超别人提高自己，他不断反思查找问题，上课认真听讲、做笔记、下课不断琢磨老师所讲内容，课余时间到图书馆预览看书自习，正因如此期末考试步入了全班前十。日常生活中他团结同学、帮助同学，时刻以一名共青团员身份严格要求自己，搬宿舍主动帮助别人先搬自己留在最后，同学遇到生活困难主动上前询问帮助解决，期末考试主动给大家复习资料、讲解不会的难题，助学金留给需要的同学。

同年，当石磊通过媒体了解到"当代雷锋"郭明义及其爱心团队帮助别人的感人事迹后，随后产生了一个想法——要在青海建立郭明义爱心团队，用"当代雷锋"的影响力、用团队的力量去帮助更多的人！于是在当时不耽误学习的情况下，通过各种方式去联系郭明义，最终在自身的努力下用了一年半的时间联系到了郭明义，将建立爱心团队的请求和意愿告诉了郭明义本人，得到了郭明义本人及其团队的赞许，在2013年成立了"郭明义爱心团队——青海青情援助分队"，并且在共青团青海省委、青海省青年志愿者协会的领导和大力支持下，于2015年4月由中华全国总工会兼职副主席"当代雷锋"郭明义，时任青海省委常委、副省长王晓，在青海省委党校学术报告厅亲自授旗，团队成立至今志愿者已达到400余名。

志愿活动中，石磊每次都会把最苦、最累的活留给自己，总是让志愿者少干一些，自己多干一些，平常还积极与其他爱心组织联系，虚心了解各团队文化和发展情况，并结合自身经历和团队如今发展弥补不足，不断改善充实。团队没有资金来源，发展困难，他就主动写策划报项目，争取政府的资金支持，深入乡村走访发现贫困家庭，他总是拿个本子一一记录，等回到地方整理解决，找厂商、拉赞助，就是希望能够帮助更多的贫困家庭。

工作生活中，石磊时刻严格要求自己，遵守国家法律、法规，立足目前、奋发进取、开拓创新、勇于奉献，无论在哪里、从事何种工作，都积极奉献，并能以大局为重，能做到自重、自省、自警、自律，认真践行"奉献、友爱、互助、进步"的志愿精神，不断追求高尚的思想道德情操和人生价值，树立和维护青年志愿者的良好形象，并长期坚持一心扑在公益事业上，兢兢业业、踏踏实实、勤勤恳恳，各项工作想在前、干在前，要充分在单位中、团队中起到模范带头作用。每当遇到困难的时候，他总是用郭明义赠予的"立志于本、服务人民,扎根青藏、奉献青春"这 16 个字来不断激励自己。

三、心怀感恩、汇聚爱心,团队的建立让我无时无刻不深深感受到温暖

2014 年的 4 月,一位母亲哽咽地给石磊打来电话,说他的儿子在 3 月 16 日晚因需要一本书骑着摩托车去同学家取,不料路上出意外导致脑部严重出血,在青海省人民医院重症室昏迷治疗。得知消息后石磊马上来到了省医院重症监护室找到了孩子的父母,详细了解情况后,他便马上组织团队内部开始募捐,当时团队成立时间不长,只有几个学生,他拿出生活费的四分之一的 200 元钱和大家东拼西凑的 830 元,第一时间送到了患者的父母手中。随后他多次看望帮助,爱是伟大的,一直昏迷的张昌明终于在三个月后醒过来。父母高兴、激动地打来电话告诉石磊:孩子醒过来了!醒过来了!

同年郭明义爱心团队把回收来的 1200 多套旧衣物送往青海省互助东三乡过程中时,该乡一位乡村教师单独找到了石磊,并对他说:该乡有三所小学,有 70 多名留守儿童、教师 4 名,桌椅破旧不堪、没有体育设备,没有取暖设备,看看是否可以帮助?得知消息后,石磊带领志愿者前去核实情况,情况了解后,石磊和团队志愿者积极筹措,最终联系到了北京一支爱心团队,在说明情况后,对方同意资助并提供所需设备,一个月后北京爱心团队志愿者把所需的桌椅和设备通过多方渠道运送到了青海,并和石磊所带领的团队携手送往了互助东三乡三所小学,这次活动为互助县东山乡白牙合小学等三所小学共捐助 36 套桌凳,8 个炉子还有一些课外读物和体育器材,同时为三所小学的 72 名孩子每人捐助了 1 件棉服共计 19000 余元。

四、扎根高原、奉献社会、不辱使命的郭明义爱心团队青海青情援助分队

生活中,常常利用休息时间,组织青年志愿者服务爱心团队,深入街道社区、贫困山区挖掘需要帮助的困难群众和留守儿童,为需要帮助的群众和儿童建立长期扶持帮扶卡,开展 5 名志愿者对接一户困难家庭,3 名共青团员对接一名留守儿童的活动,扎扎实实做到帮到点上,爱在实处。截至目前,共计对接困难家庭 20 余户,对接留守儿童 8 名。郭明义爱心团队青海青情援助分队成立至今,在石磊和大家的共同努力下,团队时刻把"践行社会主义核心价值观"为根本,以尊敬生命,关爱他人,立志于本,奉献社会为团队宗旨,

分别进行了每年的高考安保志愿服务活动、美化家园环境保护等省市赛事志愿活动80余次,受助人员共涉及13500余人次、累计资助金额62500余元,成立至今团队收到群众赠送4面锦旗,中央和省市媒体报道20余次。

这就是他,立志向郭明义、尕布龙同志学习为人民服务奉献自己的先进事迹,立志用"立志于本、服务人民,扎根青藏、奉献青春"这16个字来不断激励自己的当代青年。

(青海省教育厅学生工作管理办公室供稿)

海 南

绽放基层理想，筑梦多彩乐东

——海南热带海洋学院李琦惠事迹

干净利落的马尾、黑框眼镜、灿烂的笑容，这是工作在海南省乐东县莺歌海镇——"90 后"女孩李琦惠给大家的第一印象。

生于 1991 年的李琦惠毕业于海南热带海洋学院。在校期间，她是老师眼中的好学生：国家奖学金、海南省暑期社会实践论文一等奖、益暖中华"谷歌杯"全国第五届大学生公益创意大赛志愿者、校创业大赛一等奖等皆收入囊中。毕业后，她拿到了知名汽车公司总经理助理合约。正当家人为她取得的成绩感到欣慰和高兴时，她却做了一个让全家人目瞪口呆的决定，我要去基层。

入校为增长智慧、离校为更好地服务国家和人民。正是这句刻写在哈佛大学门楣上的名言激励着她扎根基层，成为一名人民公仆。2013 年，她加入了海南省公务员考试大军队伍，报考了选调生，经过层层选拔，她顺利成为一名基层工作者。在选择市县时，她选择了当时海南西部最贫穷、社会治安问题最突出的乐东县，而她工作的第一站则是莺歌海镇，一个在 2012 年曾因省十二五重点项目国电海南西南部电厂落地引发了一系列打砸政府群体性事件的乡镇，而令人印象深刻的是：这个在海南孑然一身的外地女孩儿站在主席台上却说："我，如愿以偿地选择了乐东！"

其实，乐东对她而言并不陌生，在毕业前的半年实习中，她曾在中国种子协会南繁制种分会工作。海南最大的南繁基地就在乐东。她曾多次来到乐东为制种户购买制种保险、处理纠纷，开展爱心医药箱送清凉活动。在她的积极奔走下，种植户与保险公司签订了海南省第一份南繁水稻制种保单，第一年就为制种户获得保险赔偿一百多万元。而这次，她来乐东，是打算扎根来了。

初到莺歌海，陌生的方言、陌生的生活环境，她备受考验。上班第一天，她来到了自己的宿舍——国电海南西南部电厂维稳时期留下来的板房。面对透风的墙，除了床和一张塑料凳，没有任何多余的摆设，只有公共浴室和卫生间，她，度过了在莺歌海的第一个夜晚。而当面对领导的宽慰：条件有限，她说:"坚决服从领导安排。"

她始终告诫自己：基层有肥沃的土壤，年轻人要下村墩墩苗，应在基层经风雨见世面。一到岗位，她就主动请缨参加了第三次全国经济普查。普查中，她顶着烈日走街串巷，积极向大家宣传经济普查的意义，深入每家店铺认真登记拍照，她负责的新二社区最先完成经济普查工作，随后，她还帮助同事完成了莺一、莺二、莺三社区的任务。通过这项工作，她迅速掌握了莺歌海农业、渔业等产业现状；各社区范围区划、道路状况、经济现状等情况，这为她以后的工作打下了坚实的基础，也让镇里的领导一开始就对这个姑娘刮目相看。

上面千条线，下面一根针。在莺歌海，她负责的工作是党政办公室事务、信访及材料等工作。这些工作既要向上对接领导，又要联合同事，更要直接面对群众。这也真正让她从一开始就体会到了一进党政办，忙得团团转的艰辛。搬水、打扫厕所是她工作的家常便饭；接待群众、调解纠纷更是重中之重。一直以来，她坚持原则、认真负责，循序渐进成长为了党政办的一把好手。她总是以十分的热情对待每一件事，她态度端正，待人接物热情周到，尽其所能解答群众的问题，消除他们的顾虑。

她认真学习党政办的各项规章制度和业务，完善了办文和督导检查制度，规范了党政办多年的档案管理。她主动领任务，加强学习和锻炼，提高自己的公文写作水平，完成了全镇党的群众路线教育实践活动、全镇安全生产检查、镇海滩违章建筑拆迁典型经验等材料工作。她始终心里装满群众事，做老百姓的贴心人。即便在周末，也总能看到她值班的身影，因为她担心学生申请助学金需要盖章，阿公阿婆周末有什么急事需要解决。她总是把非工作日当工作日过，小事不拒，难事不避。即便节假日，她在外地接到群众的投诉电话，面对群众的不满，她耐心道歉，调解半个多小时解决问题都毫无怨言。

她做事总是亲力亲为，在实践中不断提高自己的工作水平。为了做好会务工作，她从打扫卫生到桌签制作摆放，从材料准备到话筒调试，从端茶倒水到会议记录，每个环节都不敢有丝毫懈怠。她倾注工作的满腔热情，深深打动着她身边的每一个人。

她总是调侃自己是管家婆、服务员。还记得她在办公楼里跑上跑下的身影，还记得她每天早上第一个来办公室开门，最后一个检查办公室关灯关空调的坚持，还记得她忙到中午拆开一袋饼干却来不及吃一口的画面，还记得有多少个夜晚整栋办公楼只有她那间办公室亮着灯。没有午休，早上五点多领导赶去开会登记拿公车钥匙，晚上十一点赶领导着急上报的文件都是平常事，即便同事们开玩笑说她忙到上厕所时间都没有，她仍旧坚定自己的内心。

因为她深知：这里是她施展才华的舞台，是她历练人生的学校；这里是她苦练本领的地方，是她厚积薄发的阵地。

因为她明白：忙碌是一种责任，更是一种担当。

因为她恪守，只有严于律己，踏踏实实扎根基层，服务群众，奉献社会，才是一个基层干部所应该做的。

正因如此，她，一个外地女孩子，工作不满一年，尚未转正就被镇领导破格提拔为办公室主任。

是的，青春最厚重的底色是奋斗，而最可贵的精神便是奉献和付出。2013年，乐东县刮起了环卫风暴，作为环境卫生整治工作中的一员。她和大伙儿一起扫大街、清理海滩垃圾，她总是积极参与，从不缺席、从无怨言。也正是因为环境卫生整治工作推动了干部作风的极大转变，莺歌海镇从环卫排名倒数多次赶超取得了全县第一的好成绩。在殡葬改革工作中，她努力完成镇下达的迁坟指标，去到坟地拍照，协助打印照片，每天按时上报迁坟工作情况，为全县21个月迁坟11.2万座的不菲成绩贡献了自己的力量。2013年11月，她身置防超强台风"海燕"第一线。她和大伙儿一起通宵值班，从13时至第二日午间，协助转移百余名近海瓜农群众至镇政府大楼进行安置，为他们发放棉被、草席、台灯。看到群众感冒了，她拿出自己的药箱，为大家发放药品。在电闪雷鸣、风雨交加的台风当夜，当群众在办公大楼里熟睡时，她和同事们一起临危不惧,心系群众,记录灾情、汇报情况。而"海燕"似乎也为他们不顾疾风骤雨连续奋战所感动,风力由十三级降到了六级。

工作两年后,她因工作能力突出,被借调至县委宣传部,刚一到任,她即被县委抽调到全省农村基层党风廉政建设现场会及全省"三严三实"现场会解说工作中,成为全县七名解说员中最年轻的一位。她先后为四十多个单位五十多批次的参观团解说。她尽心尽责,热情服务,受到了省内外及县内众多领导的肯定和赞扬。

从南繁农民伯伯的小助手到莺歌海镇政府的管家婆再到现在的金牌解说员。她怀着对工作的感情、热情和激情苦练本领,在基层的土壤里磨炼心智,充实青春。一路走来,她步履稳健,虽没有轰轰烈烈的成绩,没有令人目眩的名声,但她就像一棵小树苗深深扎根在了乐东的田野上。两年多来,乐东养育了她,培育了她,而她也始终以一名共产党员的政治责任感和历史使命感鞭策自己,默默无闻、无私奉献投身党的事业,尽显当代基层就业者的风采,用严和实的行动积淀自己的选调基层梦,为多彩乐东绿色崛起给力的奉献!

(海南省人力资源开发局供稿)

几年如一日扎根基层，一心只想当好老师

——海南外国语职业学院唐菲事迹

32公里，47分钟，这是岭村小学到海南东方市中心镇八所的距离。没有坑坑洼洼，一路水泥路，路途平坦舒适，虽然地处东方最北部毗连昌江县，是当地人口中的偏远村，但往返岭村与八所之间其实并不艰苦。尽管如此，对在岭村小学任教的唐菲而言，却甚少踏足这条路，一周最多时要上16节课，加上还要组织学生开展校园活动、操心学生的课里课外生活起居，这位年轻教师一天24小时的时间竟然塞不进短短的47分钟。

唐菲，是东方市三家镇岭村小学唯一的英语老师，在今年1月份前，也是这所小学唯一的一名女教师。期间由于工作需要，她将被调往另外一所小学，得知此事后，几十名学生和家长开着拖拉机到中心学校请愿，请求将唐菲继续留在岭村小学。最后，经过研究，唐菲被留在了岭村小学继续任教，而拟调往的那所小学成为她的支教点，每周则要在两所小学之间两头跑。

是怎样一个教师，让学生和家长为她联名请求？又是怎样一个教师，让当地的人一说起她都会不禁表扬几句，竖起大拇指？

一、从小立志到最穷地方当老师

唐菲的老家，在海南省澄迈县一个小乡村，从小家境并不富裕，但她的父母却没有让她放弃上学。在唐菲看来，她的父母很"民主、开明"，认为再穷都不能穷教育，所以从小到大唐菲没有落下一个学期的课。但她邻居家的孩子，就没有那么幸运了。

"我们家邻居有5个小孩，因为家里穷，上了几年就辍学了，尽管他们的成绩不错，也很想上学。但最后还是因为没钱，都不上了。"唐菲说。

正是因为邻居家的这个情况，让唐菲在三四年级的时候就萌生了长大后要当一名老师的志愿。"四五年级的时候，最喜欢玩的就是扮演老师的游戏。几个小伙伴拉着一根绳子，在绳子那头系上一个红袋子，然后挂到树上，从这头拉绳子，那头的红袋子就缓缓升起，就像是我们上课前升国旗一样。'升国

旗'后我们就开始'上课',我扮演老师,小伙伴扮演学生。"说到这,唐菲不好意思笑了起来。

再后来,唐菲这种立志当老师的想法愈发强烈和坚定。"我不仅要当老师,我还要去最穷的地方当老师,我要让贫穷的孩子一样能上得起学、读得起书。"她说。

唐菲如愿考取海南外国语职业学院的英语教育专业,向着自己当老师的志愿迈出了关键的一步。在学校里,她开始接受专业的学习培养,认识了更多与她志同道合的同学,对教师这个行业也有了更深的认识和感悟。

现在,唐菲虽然已经毕业,却给学校的老师和同学留下了深刻的印象。这个皮肤有点黑、身材微胖、性格直爽的姑娘,被老师评价"待人热情、做事靠谱",被同学评价"乐于助人、总把好的留给别人"。

毕业前夕,唐菲报名参加了海南省大学生志愿服务中西部计划,被安排到海南中部山区白沙县最偏远的荣邦中心学校支教,担任小学和初中英语老师,开启了她当老师的职业生涯。三年支教服务期将满时,她毅然决定申请继续留在当地支教。然而,根据国家有关规定,大学生志愿服务中西部计划服务时间不得超过三年,在此之前,从未出现延长支教服务时间的先例。为了能够继续从事自己喜爱的支教工作,唐菲便开始天天向团海南省委志愿服务指导中心的工作人员表达意愿。经过一段时间的坚持争取,最后团海南省委志愿服务指导中心作了一个折中决定,同意唐菲参加团省委组织的基层专项志愿服务,继续留在当地挂职荣邦乡专职团委副书记。

"能够坚持山区的年轻人本就不多,志愿服务期满仍然这么执着地要求留下的年轻人更少。"团省委负责志愿服务工作的周维直言,同意唐菲去做基层专项志愿服务正是被她的执着所打动。

接着,唐菲成功通过特岗教师考试,被安排到东方市三家镇任教。离开了支教工作四年的荣邦乡，唐菲有点伤感，但很快她又重新振作起来，"只要能当老师，去哪儿都一样。"唐菲坚定地说，"只要能继续教书，让我做什么都行。"

二、心里时刻装着别人

刘石玉是唐菲大学时的同班同学。那时，刘石玉是学习委员，唐菲是班长。在刘石玉的印象里，唐菲是一个处处想着别人的同学。"每年班里都会讨论选出享受助学金的同学，唐菲都会主动要求将自己从名单里剔除，让出更多名额给其他同学，尽管她自己的家境也不是很好。"

与刘石玉有着一样评价的还有东方市三家中心学校的王校长。"刚到三家镇时，几位特岗教师将被分配到三个小学任教，唐菲却主动提出到离镇最远、条件最艰苦的岭村小学，把另外两所距离稍近的小学让给了其他两位同来的老师。她经常说，'哪里苦，我先去，因为我是积极追求入党的人，我要带头。'"

正是这样一个处处向着别人，心里装着别人的人，在以后的工作中不断赢得同事、学生和家长的尊重和喜爱。岭南小学的学生很喜欢往唐菲宿舍跑，在校门口小卖部关门不卖早餐时，他们爱往唐菲的宿舍跑，因为这个老师总是会"未卜先知"地做好一锅面给他们吃；当有学生生病时，他们的同学也爱往这里跑，向这个老师报告情况，而她知道后会第一时间赶到生病学生家，带学生看病，并为学生支付医药费；下课放学后，学生也爱往这里跑，因为这个老师会利用自己空闲时间免费给他们补习功课，在补习后还会一一送他们回家。

学生喜爱唐菲，在他们眼中，这个老师"人好，经常煮早餐给他们吃，帮他们补习，生病了会带他们去看病，会帮他们排忧解困。"家长尊重唐菲，把自己的孩子交给这个老师，他们很放心，更有很多家长觉得"作为一个外地来的年轻老师，唐菲愿意安安稳稳扎根这里，非常可贵，更是难得。"

学生和家长对唐菲的喜爱更是在去年的工作调动中有了"充分展现"。去年9月，由于工作需要，唐菲将被调往另外一所小学——乐安小学任教，当学生把这个消息告知家长后，马上就有十多个家长带着孩子自发前往中心学校请愿，希望唐菲能继续留在岭村小学。最后，经过研究，唐菲被留在了岭村小学继续任教，而拟调往的那所小学成为她的支教点，每周则要在两所小学之间两头跑。

学生及家长联名请求的事，在当地引起了不小的轰动。越来越多的人知道了岭村小学有个好老师，名叫唐菲，就连三家中心学校的王校长都不禁感慨：当老师二十多年了，从来没有遇过学生和家长联名请求哪个老师留下来的事，

"只见过家长投诉老师的,就没见过家长请求老师留下来的。"

"我认为,老师首先得成为学生的朋友,要用心对待每一个学生,了解他们的情况,清楚他们的需要,多站在他们的立场思考问题,用心跟他们交朋友,与他们打成一片。"这就是唐菲与学生的相处之道。

三、业务过硬屡创佳绩

在岭村小学,唐菲是唯一的英语老师,担负全校所有年级所有班级的英语教学任务。而此前,除英语外,由于教师不足,她还需要给学生上自然、科学等其他课,一周最多时要上16节课。上课任务重,唐菲丝毫不肯懈怠,总以十二分精神对待每一节课。

初来岭村小学,唐菲发现,学校的教学氛围较为沉闷,学生的言行举止也缺乏生气。为改变这种局面,她开始把在大学时所学的教学模式和方法逐渐引进课堂,比如在课堂增加游戏互动环节,寓教于乐,通过学生更加喜闻乐见的方式开展教学。同时,她还主动利用节日、课余时间组织班里的同学开展各种文体活动,每次活动她都自掏腰包为活动购买各种用品,活动很成功,学生很欢迎,还拉动了其他班级乃至整个小学的课余生活。活泼有趣的课堂,有趣活跃的校园氛围,有效提高了学生上课的积极性和学习的主动性,慢慢地,学生脸上的笑容多了,言行举止有了生气,校园随处可听到学生的欢声笑语,用很多老师的话讲,就是"学校热闹了"。

学生积极性调动了,学习成绩也稳步提高。去年,唐菲教的五年级英语总成绩平均分位列全市完全小学的前五名,获得了市里的表彰,拿到了200块钱的奖励。"一拿到钱,我就跟班里的学生办了庆祝派对,用奖励的钱给学生买了文具、玩具、吃的。这就是学生共同取得的奖励,应该一起分享。"唐菲说。

唐菲在教学工作上的努力,也获得多方认可。2015年至2017年间,她多次获得全市各类教学比赛的一等奖、三等奖,在全省及全市的各类教师培训项目中获得"优秀学员"荣誉称号,并多次获得学校"优秀班主任"称号。

学校的同事评价她"工作态度端正,教育教学能力强,责任心强,敬业,有韧劲,能吃苦,坚强乐观"。时间再往前,早在白沙县支教时,团县委的张立芳就被唐菲身上的这种精神触动。"她对待所有工作都很用心,只要有志愿服务任务,她二话不说都会参与,工作积极认真,大家对她的评价都很高。"

2015年5月,唐菲作为优秀志愿者参加了团海南省委举办的"宝岛奉献青春无悔"海南省2010年优秀中西部志愿者先进事迹巡回报告会;2011年7

月,她被省项目办评为"海南省优秀大学生志愿者";2012年11月,她更是被团中央授予第九届"中国青年志愿者优秀个人奖"。满钵表彰,成为她过硬业务能力的最好体现。

四、不忘初心想要一直教下去

唐菲经历过很多,却都与教书、学生有密切联系。支教三年,担任小学及初中英语老师;挂职团委副书记一年,干的也是与学生有关的工作;在岭村小学,当了四年多的英语老师。

与学生时代的那个自己相比,唐菲学到很多,成熟很多,每天都能萌生很多新想法,但为人师这个初心从未改变。现在的她,依旧奔波在不同学校、不同教室之间,日复一日两点一线,坚守三尺坛,陪伴学生成长。

现在,唐菲的父母已经从老家澄迈搬到了省城海口,做了点小本生意,日子比以前好了很多。女儿对老师这份职业的坚持,他们从来没有反对,也从来没有给女儿增加过负担。

"我从上大学离开父母已经快12年了,回家的次数不多,毕业支教后待在父母身边就更少了。在这期间,我做的每一个决定,父母从来没有反对过,虽然他们更希望我待在身边不用那么辛苦",说起父母,唐菲心中仍存有愧疚:"他们的身体已大不如从前,但他们生病需要人照顾的时候,我都不在身边,他们也从来不告诉我,怕我操心影响工作。"

正因为父母的用心良苦,让唐菲更加坚定了"当一个好老师"的决心。"我一直都告诉自己,一定要争气,一定要把工作做好,因为只有这样才能让父母放心,不辜负父母的支持和默默付出。"

乡镇上的老师来了又走,走了又来。陆离光影中有一个人影默默伫立其中,几年不变。

作家张洁在散文《我的四季》中这样写道:"在这个世界上,每个人都有一块必得由他自己耕种的土地。"唐菲的这块土地,便是深深扎根在心里的"教师梦"。

这个梦,起初是一份初心,后来啊,在坚守和不放弃的土壤中开出了花。

(海南省人力资源开发局供稿)

琴瑟在御,莫不静好

——三亚学院汪演婷事迹

她叫汪演婷,来自三亚学院人文与传播学院汉语国际教育1301班。毕业之初,她并没有想到会来到西藏做一名基层的教育者。"西藏"曾经是一个遥不可及而又充满神秘的名字,也许只有在网络上可以看到这里的风土人情、圣洁美景,然而没想到的是她自己能与西藏结下不解之缘。

临近毕业,她在学校的就业服务网上浏览到西藏林芝市教育局的基层就业人才引进通知公告,心中颤颤,促使她报名参加招聘考试,也就是这一次的考试使她踏上了西藏基层教育工作者的道路。由于工作需要,她被分在了离林芝市200公里的波密县中学。

记忆犹新的是第一次课堂,面对淳朴而又天真的藏族小朋友,第一次以教师的身份面对自己的学生,心中激动而又紧张。经过一段时间的教学,开始的羞涩和紧张已经不见踪影,她逐步融入学生中,了解学生。

慢慢地她发现由于生活环境的影响以及当地的教育文化水平,学生与家长之间的交流都是用藏语进行交流,很少用到汉语,导致学生的汉语基础知识并不牢固,在语法和词语上都存在着一定的错误,同时也没有专业的老师来进行指导,使得藏族的同学对汉语的学习即便有较大的兴趣,但也力不从心。即便是在一些很简单的问题上,也会出错,造句、阅读和作文对于大部分学生来说都较为困难,一些地区的孩子,由于地理位置偏远师资缺乏,小学的语文基础

不好,甚至连一些简单的字和拼音都不能完全理解清楚。学生两极分化较为严重,成绩中上等的学生在字词方面是基本没有问题的,但基础较差的同学,在这方面十分薄弱。如果整堂课都讲解课文较难的内容,对于中下水平的学生来说这堂课就没有意义。

作为一名汉语国际教育专业毕业的大学生,面对学生这样的情况,初来乍到的她也十分迷茫。很多时候她发现学生对于课堂上的知识吸收不到位,于是她加重了每篇文章的课后生字词讲解环节,目的是为了提高中下学生的成绩,在课堂环节中,她希望学生自己去解决而不是依靠老师讲解。在课堂上她坚持讲练结合,一方面不仅仅要讲理论知识,而且要进行有效的针对训练,在课堂上就能巩固学生的知识点,课后再布置相应的习题进行练习,能够提高学生对于知识点的掌握水平,特别是一些相对于较为枯燥但又十分重要的知识点,例如说明文讲解,更要做到讲练结合,不能一味只讲授理论知识,勤加练习才能提高学生成绩。

她怀揣着发展教育,发扬中华文化的梦想,为了更好地教授汉语,针对藏族同学基础薄弱的问题因地制宜制定出了自己的一套教学方法,分层教学、因材施教,课堂上实行小组讨论,每个小组都有各个层次的学生,在课堂上和课后互相帮助,让每个学生在每堂课上都能学到知识,一些课文中较为简单的问题她习惯利用小组讨论的模式,让学生自己去归纳总结。在课堂上她努力活跃气氛调动学生积极性,经常采取不同的教学方法来使学生对课堂充满兴趣,比如让学生演出课本剧、小组之间知识抢答、生字闯关、进行各种形式的朗读,等等。她要求每位学生都有记笔记的习惯,学生们在课堂上将笔记记在书上,课后自己总结到笔记本上,可以加深学生对课文的理解和记忆,利于学生复习,她也会定期检查学生的笔记本进行批改。

她对于每位学生的作业要求严格,学生的作业都要按照规定的格式进行书写,学生的整本作业干净整洁、格式完整。学生的作业她都要进行详改,错的字要给学生圈出来并改在旁边,作业最后要有鼓励性的评语,学生拿到作业后,错的地方要进行订正,老师也要进行二次甚至是三次批改。

在平时教研活动中,她积极提高自身的专业素质,老师们也会毫无保留地告诉她一些教学上的经验,分享彼此的观点,每一次公开课后,她都会总结自己的问题,默默记下老教师们给她提出的建议,她也会利用自己的课余时间,去听一些老教师上课,从老教师的课堂中学习经验,选择适合自己本班的教学模式用在自己的课堂上。

她关心学生生活,在课下和学生像朋友一样相处,一起在植树节的时候种树,一起参加运动会师生项目。在这里,老师和学生们就像一个小家,互相学习、互相关心,而整个学校带给她的也是家的感觉。有时他们还围在一起跳起了锅庄舞,老师和学生手牵手随着歌曲旋转,那一刻,琴瑟在御,莫不静好。

(海南省人力资源开发局供稿)